子育て世代の
ソーシャル・キャピタル

石川由香里
ISHIKAWA Yukari

杉原名穂子
SUGIHARA Nahoko

喜多加実代
KITA Kamiyo

中西祐子
NAKANISHI Yuko

［著］

Gender,
Social Capital and Mother

有信堂

子育て世代のソーシャル・キャピタル／目　次

序章　子育てとソーシャル・キャピタル ──────── 石川　由香里　3
  1. 問題の所在　3
  2. SC 概念についての議論と本書での考え方　6
  3. 本書の構成　9
  4. 調査の概要　11

第1部

第1章　ソーシャル・キャピタルとは何か ──── 杉原　名穂子　17
  1. ソーシャル・キャピタル概念の登場とその背景　17
    （1）隆盛をむかえるソーシャル・キャピタル研究（17）　（2）SC 概念の歴史（18）
  2. 様々な SC　22
    （1）理論的潮流（22）　（2）SC の諸類型（24）
  3. SC 概念の問題点　27
    （1）定義をめぐって（27）　（2）ネガティブな SC（28）

第2章　教育とソーシャル・キャピタル ──── 中西　祐子　31
  1. ソーシャル・キャピタル研究がもたらした「混乱」　31
  2. 教育社会学領域における SC 研究と背景理論　33
  3. 結束型集合財としての SC に着目した研究　35
    （1）被差別部落の子どもたちへの教育支援と SC（36）　（2）エスニック・マイノリティの母親による教育支援ネットワーク（38）
  4. 結束型個人財としての SC に着目した研究　42
  5. 橋渡し型個人財としての SC に着目した研究　47
    （1）親の教育戦略としての SC 利用（47）　（2）若者の職業選択における SC 利用（49）
  6. 橋渡し型的集合財としての SC に着目した研究　50
  7. SC 研究第2の混乱──既視感　53

8. SC は教育の格差に立ち向かえるか　54

第3章　家族とソーシャル・キャピタル ────── 石川　由香里　57
   1. 家族とソーシャル・キャピタルをめぐる論理構成　57
      （1）家族、コミュニティ、ネットワーク（57）　（2）家族サポートを生み出すものとしてのSCへの注目（59）
   2. 日本の家族の変化　61
      （1）家族形態の変化（61）　（2）就労既婚女性の増加と家族（62）
      （3）困窮する家族（63）
   3. 育児とSC　65
      （1）育児不安の軽減とSC（65）　（2）SCとしての子育て支援（66）
      （3）子育てSCからの疎外（67）
   4. 介護とSC　68
      （1）家族と介護（68）　（2）介護の社会化（69）
   5. 家族の多様性と依存労働　70
      （1）依存の私事化とその限界（70）　（2）依存労働のジェンダー平等に向けて（72）

第4章　女性の就業とソーシャル・キャピタル ────── 喜多　加実代　75
   1. 女性の就業という課題　75
   2. 子どものいる女性の就業という課題　79
      （1）子どものいる女性の就業を促すSC（79）　（2）就業者、専業主婦それぞれの育児不安（81）　（3）子どもの教育達成と母親の就業（83）
   3. 女性の再就職、転職、キャリア形成　84
      （1）再就職、転職とSC（84）　（2）キャリア形成とSC（87）
   4. 若年不安定層における女性の就業とSC　88
      （1）若年者の不安定就業とSC（88）　（2）若年女性の就業とSC（90）
   5. むすびにかえて　91

第2部

第5章 子育て世代の教育意識とソーシャル・キャピタル ——————— 杉原 名穂子　95

1. ネットワーク、コミュニティ、規範　95
   (1) 定義について（96）　(2) SC指標同士の関係（99）
2. 教育・文化的実践とSC　101
   (1) 教育意識と教育行動（102）　(2) 居住都市による違い（106）
   (3) 社会活動と生活満足感（108）
3. 地域社会を生きる母親とSC　110

第6章 子どもの進学と母親のソーシャル・キャピタル ——————— 喜多 加実代　117

1. 教育格差とソーシャル・キャピタルに関する知見　117
2. 本章における分析——進学とSC　120
3. 進学格差　121
4. 母親のSCと子どもの進学　124
   (1) 1人親、きょうだい数、母親の就業（124）　(2) 母親本人の社会活動や地域との関わり（126）　(3) 子どもに関する情報源、相談、支援の相手（127）　(4) 子どもに対する教育的関与（130）
5. 進学に対するSCの混交的効果　130
   (1) 進学格差に対するSCの混交的効果（130）　(2) 男女の大学進学格差とSCの見返りの差異（135）

第7章 地域移動とソーシャル・キャピタル ——————— 石川 由香里　137

1. 問題の所在　137
2. 子育てに関する地域差　139
3. 母親の地域移動と子育てサポート　142
4. 子育て中の地域移動と子育てSC　146
5. 地域移動は子育てをどのように変化させるのか　150

第 8 章　誰が子どもの食に配慮するのか？
　　　　　――母親の抗リスク消費とソーシャル・キャピタル ― 中西　祐子　157
1. 問題の所在　157
2. 食の消費と健康意識に関する先行研究　160
3. 「子どもに与える食の安全性」への意識に関する 7 つの仮説　163
4. 重回帰分析――「子どもの食べるものに注意する」のは誰か？　167
5. 抗リスク消費と SC――インタビュー調査より　173
6. 考察　178

第 9 章　ネットワークと規範の形成 ―――――― 石川　由香里　179
1. 子育てと介護と仕事を両立するための SC　179
2. 上の子の看護をしながらの下の子の出産・育児　185
3. 考察　191

参考文献　195

終わりに　205

事項・人名索引　209

子育て世代のソーシャル・キャピタル

序章　子育てとソーシャル・キャピタル

石川　由香里

1．問題の所在

　本書は、現代の母親たちが子育てをしていくにあたり、ソーシャル・キャピタル（以下、SCと略記）をどのように活用し、子どもに対する教育を行っているのかという問題に焦点をあてている。女性のみを対象に取り上げることは、子育てが女性の仕事であるとの規範を前提とし、結果として母親たちを追い詰めることにつながるのではないかとの批判も予測される。だが現実に子育ての大半は女性の手にゆだねられ、地域社会と家族のSCをつないでいるのが女性であるのは紛れもない事実である。そのことが生み出す不平等性を指摘しつつ、子育てが開かれたものとなる可能性に目を向けていく。個人化が進み、地域社会の崩壊が憂慮される現代社会において、子どもを育てるうえで重要な資源であるSCを人々はいかなる経路で手に入れ、いかにして子どもの教育達成に活用しているのか、考察していきたい。

　SCという用語が文献に登場したのは、学校教育と地域コミュニティとの関連について論じたL. J. ハニファンの研究まで遡るとされているが（Hanifan 1916）、近年とくに注目を浴びるきっかけとなったのが、R. パットナムの『哲学する民主主義』(1993=2001) と『孤独なボウリング』(Putnam 2000=2006) という2つの著作だといえる。その問題関心はSCの構築によってコミュニティの再統合を成し遂げる点にあり、人々のつながりが規範的で信頼できる社会を作り上げるという理念のもと、ネットワークと社会的信頼と互酬性とが、SCの3つの要素として定義されている。

　確かに安心して子育てをするためには、子育てを手助けしてくれるネット

ワーク、サポートの提供をお互い様だと認識する互酬性の規範、そして社会に対する一般的信頼の存在が不可欠だといえる。現代社会において子育てを困難にしているのは、これらが得られにくくなっていることが原因ではないか、したがってSCの欠如こそが現在の少子化の背景にあるのではないかと考えられている。近代化による社会の流動化が地域移動を伴うなかで、とくに女性の場合には進学・就職のみならず結婚や夫の転勤に伴う移動も増える。その場合には、これまで子育てに際して最大のリソースとされてきた自分の親と、同一地域に居住できないケースも増えてくる。遠方に暮らしていても、心理的サポートに関してはある程度確保できるかもしれないが、物理的な側面のサポート不足は否めないことから、代替となるSCの必要性が高まる。その認識が共有された結果、子育て支援が政治課題とされるようにもなったのだといえるだろう。

　さらに過去20年間の大きな変化の1つに有職女性の増加、なかでも子どもを持つ世帯における就労率の上昇がある。90年代初頭を境に専業主婦世帯と共稼ぎ世帯の割合は逆転した。そのことも子育てSCの必要性を惹起する。ところがSCの代表的論者として名前の挙がるJ. コールマンならびにパットナムは、母親の就労についてはともに否定的であった。コールマンの場合には、母親の目が行き届かないことによって子どもの教育達成が阻害されるという個人主義的観点から、パットナムの場合には、女性の就労がコミュニティの統合を阻害するという集団主義的観点からという違いはあるものの、女性の就労をマイナス要因としてとらえる点において、その評価は共通していた。しかし、地域や家族メンバーに活用されるためのSC供給源の役割をもっぱら女性へと暗黙裏に振り分けていること自体、すでにジェンダー・バイアスがかかっているという批判が存在する（O'Neil and Gidengil 2006, Field 2008）。我々の研究もこの点に関しては、実証的な観点から、コールマンやパットナムの指摘について反論を行う用意がある。具体的には、母親の就労によって形成されるSCが子どもの学歴達成にもたらす効果を示すことによって、子育てを阻害するものとして女性の就労があるわけではないことを、明らかにしていければと考えている。

　そして本書にはもう1つのテーマが存在する。それは格差である。SCの保

有の有無が階層閉鎖性を促進し、格差を維持し、拡大する可能性が指摘されている。P. ブルデューは、ある集団が集合財としての SC をどのように創出し、維持しているのか、またそのような集合財は集団成員のライフチャンスをどの程度増やしているのかという再生産性に関心の焦点を置いた（Bourdieu 1986）。地位達成においては社会集団ごとに社会関係資本へのアクセスの不平等が広がる傾向が指摘されている。例えば親の教育意識、働きかけといった「ペアレントクラシー」が子の教育達成にいっそう大きな影響を与えるようになったと指摘する P. ブラウンの議論が、その代表といえる（Brown 1990）。本田由紀もまた、従来型のメリトクラシーに代わって、さらに規格化されにくい情報の獲得・選択能力などが必要とされる「ハイパー・メリトクラシー」化が、保護者とくに母親の責任を拡大させる可能性を指摘する（本田 2005）。SC によって次世代へと蓄積される資本とは、この情報獲得・選択の能力を伴うものである。それが階層再生産に拍車をかけ、格差社会の拡大につながることが危惧されているのが現在の社会状況と言える。

　その意味で本書は、我々自身による前著『格差社会を生きる家族』の延長線上にある。そこでは格差を家族の問題ととらえ、とくに将来への不安を掻き立てられている層として中流層に焦点をあて、彼らのとる貧困に陥らないための教育戦略について描き出した。その格差の有り様を複合化する要素として、生活する地域が当事者の選択に与える影響を重視し、東京と福岡という大都市と、新潟と長崎という地方都市の比較を行った。学歴、就労の有無、地域移動の有無によって生じる地縁、血縁との距離や親しさなど、母親の置かれている状況によって形成されるネットワークには違いが生じる。格差が生じる 1 つの可能性として、SC へのアクセスに不平等が生み出され、それが次世代へと蓄積されていくことが考えられる。しかし逆に SC の活用によって、親の学歴や職業上の地位等の不平等が改善する方向性もありうる。そこで母親の持つ SC の違いによって子育て意識・子育て行動に生じている格差の実態を明らかにし、その解消のために必要な方策について考えみたい。

2. SC 概念についての議論と本書での考え方

　SC に関する理論そのものについての解説は次章に譲るが、ここでは本書での SC の取り扱い、とくに第 2 部に関連してその指標をいかにとらえるのかについて、述べておきたい。

　パットナムが政治学者であることからわかるように、SC という概念は社会学よりもむしろ経済学や政治学において注目を浴びた。それは既存の理論的枠組みとは異なる視点を持ち込むことによって、実践的政策に結び付けられることが期待されたからである。例えば稲葉陽二は、格差を経済学上の問題ではないとする論者に対し、そこにはコミュニティ概念が欠如していると批判する（稲葉・吉野 2016）。彼はそれまで経済学のなかにあまり取り入れられてこなかったコミュニティや規範といった概念によって、新しい議論の可能性が開かれるその具体的事例として、東日本大震災を取り上げている（稲葉他 2011）。震災時における協調的行動には個人間のネットワークよりも社会全体への信頼が根底にあり、災害復旧期にはネットワークがもともと存在しないなかでも利他主義が生まれ、互酬性の規範が見られたと主張する。さらに復興段階においては、橋渡し型のネットワークが構築されるとともに結束型のネットワークも再構築され、それらが市場メカニズムの欠点を補完し、市場メカニズムが機能しない場合には強力な代替案を提供する実例となっているという。

　そうした経済学あるいはパットナムに代表される政治学分野での称揚に比べ、社会学分野において SC に対する評価は高いとはいえない。まず、SC を資本として定義すること自体への批判が存在する。資本という概念には、ストックであることが求められる。三隅一人は、SC を資本とすることにこだわるとすれば、将来のために犠牲になる投資、それが生み出す付加価値、資本はまさにそこに「実在する」という 3 点について概念的に整える必要があることを指摘する（三隅 2013）。

　何よりも SC という概念を用いることで得られるその付加価値に対して疑義が挟まれている。SC の要素とされるネットワークも規範も、社会学においてはおなじみの概念であり、ことさら新たな知見をもたらすものとはいえないと

の批判である。これに対し稲葉は、①既存の概念の深化、②包括的なコミュニティ理解の促進、③新たな学問領域の創造の3つの面で付加価値があると反論する。とくに②については、個人メンバー間の関係、コミュニティの状況、個人とコミュニティ間の関係、コミュニティ内での寛容度の水準など、コミュニティの特徴の見える化を進めることができると主張する（稲葉・吉野 2016）。また三隅は、社会的ネットワークの構造が社会規範を規定する側面を描き出すことができる点がSC概念を用いるメリットであると主張する（三隅 2013）。

　SCの測定可能性についても議論の分かれるところである。SCの要素はパットナムの定義では、ネットワーク、互酬性の規範、一般的信頼とされる。そのうちネットワークについては個人を対象とした計量的調査によって測定されることが多い。例えばN. リンは、アクセスされる社会的紐帯が持つ資源をM. ウェーバーに倣い、(1)富（経済的資産）、(2)権力（政治的資産）、(3)名声（社会的資産）の3類型とし、それら3つの次元について上方到達可能性（紐帯を通してアクセスできる最上位の資源）、資源の異質性（紐帯を通して到達可能な資源を持つ地位の範囲）、拡張性（到達可能な地位の数）という3つの基準を設け、地位想起法によって測定する方法をとる（Lin 2001＝2008：80）。確かにこれらの指標は地位達成研究においては有効性を持つものの、しかしネットワークの全体的な位置関係まではわからず、リン自身は社会構造の創出まで議論を展開しようとしていても、コミュニティの構造までは見えにくいという批判は否めない。

　一般的信頼については、「あなたは一般的にいって他人は信用できると思いますか」という質問文が、様々な国際調査で共通して用いられている。地域差を示す結果が出ていることから、例えば山岸俊男（1998）は、アメリカは社会的不確実性が高いゆえに一般的信頼を前提とせざるをえない高信頼社会であり、逆に一般的信頼の低い日本は社会的不確実性を低下し安心を提供する関係を好む高信用社会であると説明する。しかし、一般的信頼が本当に何を測定しているのかについては、SCの他の2つの要素との間にあまり関連性が見られないことから、不明確であるとの批判もある。

　互酬性の規範については、パットナム自身は人を助けることは結果として自分に戻ってくるという、いわば功利的・合理的判断に基づく一般的互酬性としてとらえていたが、論者によっては、コミュニティ内の「互いに助け合うべき

である」との個別的規範として使用される。その場合には、実際に相互扶助が行われているとは限らないという、理念と現実との乖離が存在する。逆に認知的規範は支持されないのに、相互扶助がなされている事例が存在したなら、その場に働いているのがはたして互酬性の規範だといえるのか、それとも強制力を伴う権力が働いているのか、これまた判然としない。こうした強制力を伴う権力、つまりは個への介入と地域による個人監視の側面は、しばしばSCに対する批判として展開される（O'Neill and Gidengil 2006, 三隅 2013）。

　つまり議論の分かれ目は、コミュニティをどのようにすれば描き出すことが可能なのか、またそのつながりをいかに評価するのかという点にある。コミュニティはしばしば地縁社会と同一視される概念であるが、本書で想定するコミュニティとは、地域を超えた人々のつながりを含むものである。前回の書籍において焦点をあてた教育への熱意は、中流階級を支える文化資本であった。経済資本が文化資本やSCへ、またSCが文化資本へという形で転換が行われている点に、著者たちは強い関心を抱いている。それはSCのブルデュー的解釈に与(くみ)する立場といえる。人々のつながりについてネットワークではなくSCという概念を使うのは、格差の問題を扱いやすいからである。

　とはいうものの、階級社会といわれるフランスとは異なり、日本社会に「われわれ」集団を想起させる階級意識は希薄であり、転落を防ごうとする個々人の集団行為が結果として、「中流」層を浮かび上がらせているに過ぎない。したがってSCは階級の共有資源として蓄えられているわけではなく、現実にはその取り扱いはコールマン流に個人を起点としたものにならざるをえない。第2部の分析で用いる調査も個人票によるものであり、まずはSCを個人財としてとらえていくことになる。そこでは地域社会のゆるみによりSCの到達に格差が生じている面が描き出される。そのうえでさらにそれが集合財となる可能性についてかつての地縁でも個人的能力によるのでもない、いわば松田茂樹（2010）の主張する「中庸なネットワーク」の活用によって状況が打破され、問題解決が図られていく様相によって示していくことになる。

3．本書の構成

　全体は2部構成となっている。第1部は概説編である。最初にSCとはいかなる概念として登場し、それによって何が分析されてきたのかについて、まとめていこうと思う。第1章の総論に基づき、第2章から4章までは子育てと不可分の関係にある教育、家族、女性の就労というそれぞれの研究分野においてSCがいかに論じられてきたのか、先行研究のレビューを交えながら整理する。

　第1章では、SCの理論的潮流について、その誕生期から確立期、発展期までの議論を追う。SCの定義をめぐっては機能主義的系譜と葛藤理論の系統があり、階層再生産を論じる際に、前者に位置するコールマンが人的資本や経済資本をSCで補完できるとするのに対し、後者の代表であるブルデューは再生産プロセスにSCそのものが関与すると考える、そうした両者の違いについて説明する。それがSCは不平等や格差を強化するのか、それとも格差を補填するのかという対立点となって浮かび上がり、教育の分野での議論の齟齬、家族や女性の就労をめぐる葛藤についての指摘へとつながっていくことになる。

　第2章は、教育とSCとの関係についての研究のレビューである。教育とSC研究の分析枠組みとして、(1)個人財か集合財か、(2)結束型か橋渡し型か、という2つの次元を基準とする4象限を提示し、教育研究として学会誌に掲載された社会学系の論文を事例に、SCの概念を用いた研究の分類を行っている。

　第3章では、近代化の進展と個人化する社会のなかで、家族が担ってきた育児と介護というアンペイド・ワークに対し、地縁・血縁を中心として対応することが社会変動により不可能になったことで、代替となるSCへのニーズが高まり、社会政策的な取り組みが行われてきた道筋についてまとめている。少子高齢化のなか、依存労働はより公平に分配されるべきであり、公正な社会における社会的協働に依存の関心を含めるためには、互酬性の規範が分け持たれるべきである。それはこれまで圧倒的にアンペイド・ワークに従事してきた女性の就労率が増加し続けていること、またそうしなければ少子高齢化社会を支えてはいけないことと不可分であることを指摘する。

　第4章で扱うのが、そうした女性の就業とSCとの関わりである。女性の就

業をめぐっては、1つには仕事と家庭の両立に伴うワーク・ファミリー・コンフリクト（WFC）が主題とされてきた。そうしたコンフリクトを低減させるソーシャル・サポート研究のなかで、SC は取り上げられてきた。もう1つの主題は、女性の転職やキャリア形成に関することであり、男性と女性とでは転職に活用されるネットワークに違いがあること、またネットワーク参加にも不平等が存在し、それは SC の蓄積と活用に関する男女間不平等が存在することが指摘される。そして「家庭教育」重視の風潮にあっては、その不平等はますます広がる懸念があることが示される。

　第2部は第1部の議論を下敷きに、我々の実施した量的ならびに質的調査を題材として、子育てにおける母親の持つ SC の働きについて実証的に明らかにしていく。

　第5章では、子育て世代の価値意識や教育意識に SC がどのように関連しているか、提示する。親の所有する資本はそれぞれ業績性、関係性、文化や公共性など多様な側面で子どもへの関与をうながしている。そこで母親の居住する都市別に母親の教育意識と資本との関連を検討した結果、①東京：階層再生産型、②長崎：地縁型、③福岡：混合型というモデルを析出した。地域社会の凝集性やネットワークを持つことが教育意識や活動に効果を示しており、母親たちは地域社会のつながりに、家庭だけの力では養成することのできない力の醸成を期待していた。

　第6章では、進学＝学歴取得という教育達成に、どのような母親の社会関係や子どもへの関与の仕方が関連を有するのか、その社会関係や関与が家庭の階層的要因（世帯収入や親の学歴）とどのような関連を有するのかを分析する。コールマンの議論を下敷きに母親の SC と第一子大学進学との関係を検討した結果、男子については、父母の連携と父親の教育的関与が進学に影響を与えるモデルが想定でき、女子については、子ども関係友人と、文化資本的な教育的関与が大学進学に影響を与えるという知見が得られた。

　第7章では、母親の地域移動の有無によって SC にいかなる差異が生じ、子育てに活用されていくのか、その様相を描き出す。移動によって切り離されるネットワークもあれば、新たなネットワークも構築されるわけだが、その活用と規範の共有とは移動元と移動先の組み合わせ、さらには階層による影響を受

ける。結論からいえば、母親の地域移動は男子よりも女子の学歴取得に大きな影響をもたらし、しかも階層の高い層においてその影響は顕著であることが明らかとなった。

第8章では、学歴達成にはとどまらない親の子どもに対するリスク管理を取り上げる。格差社会のなかにあって、親のリスク管理の範囲は子どもの健康面にも及んでいる。この調査は東日本大震災の3年後に実施されたわけだが、福島原発事故は食の安全性についての人々の関心を喚起した。そうしたリスクへの意識には文化資本が大きく関連していた傍ら、SCの影響も見られたことから、資本形態の転換を示す事例の1つを示すことができた。

第9章では、子育てを通じて培われたSCが親自身の資本になる可能性について論じる。かつては家族機能の1つとされていたものの、今日では家族では負いきれなくなった介護・看護をしながら子育てする2つの事例を取り上げ、それぞれいかにSCが活用されているのかを分析し、三隅がSC概念を用いるメリットとして挙げた、社会的ネットワークの構造が社会規範を規定する側面について、考えてみたい。

SCのとらえ方は論者により多様であるが、本書においてもトピックによって用い方が異なることをあらかじめ断っておく。具体的にいうと、第2部第5章はパットナム理論での地域社会のつながりの重視との親近性が強い。第6章および第7章は子どもの教育達成について扱うことから、コールマン理論に軸足を置いている。それに対し第8章はSCと文化資本の資本転換というブルデュー的観点に着目している。第9章では再びパットナムの提示したSC概念に従い、地域を越えたコミュニティ形成の可能性を探っていく。

4. 調査の概要

地域社会の様相は個人のSCに大きく影響する。人の入れ替わりが少なく顔なじみの多いまちと、新しく作られた住宅地とでは、親族ネットワークも地縁ネットワークも異なるだろう。そこで人口流入が激しく親族関係・地縁関係の変わりやすい大都市である東京都区部、比較的移動が少なく親族および地縁との関係が継続しやすい地方都市である長崎市、さらにその中間に位置する福岡

表 0-1　調査対象者の属性（％）

年齢	30代	27.1
	40代	34.7
	50代	37.2
婚姻の有無	既婚	73.1
	未婚	15.7
	離婚	11.2
子どもの有無	いる	73.9
	いない	29.1
就労の有無	フルタイム	29.6
	パート、派遣、契約	46.4
	自営業	6.1
	専業主婦	29.7
学歴	中卒	2.5
	高卒	32.6
	専門学校	15.3
	短大・高専	24.7
	大卒以上	24.8
世帯収入	100万円未満	2.0
	100～130万円未満	1.5
	130～200万円未満	4.4
	200～300万円未満	10.3
	300～400万円未満	12.2
	400～500万円未満	12.4
	500～600万円未満	12.2
	600～800万円未満	19.9
	800～1,000万円未満	11.6
	1,000万円以上	13.5

表 0-2　SC の状況

		相談（％）
ネットワーク（相談した相手）（過去1年間に個人的に）	家族	90.8
	親戚	39.6
	職場や仕事関係	50.0
	近所	20.4
	学校時代の友人	38.9
	同じサークル、団体	19.2
	子どもを通じた友人・知人	49.8
	インターネット上の友人・知人	2.9
	その他の友人・知人	21.7
		該当（％）
互酬性 一般的	人に親切にすれば、いつか自分にかえってくる	90.0
信頼 一般的	たいていの人は信頼できる	25.5

表 0-3　子育て SC（％）

園や学校の情報源	家族	50.9
	親戚	18.3
	近所の人	43.0
	専門家やサービス機関	38.1
	職場の人	18.8
	学校時代の友人	16.1
	子どもを通じた友人・知人	68.5
	インターネット	21.1
	その他の友人・知人	15.6
塾や習い事の情報源	家族	37.5
	親戚	8.3
	近所の人	25.4
	専門家やサービス機関	21.9
	職場の人	10.1
	学校時代の友人	7.3
	子どもを通じた友人・知人	69.2
	インターネット	15.4
	その他の友人・知人	10.1
進路や職業の情報源	家族	69.6
	親戚	15.8
	近所の人	5.9
	専門家やサービス機関	36.3
	職場の人	11.2
	学校時代の友人	10.4
	子どもを通じた友人・知人	37.9
	インターネット	16.0
	その他の友人・知人	9.0
子育ての相談相手	配偶者・パートナー	80.1
	自分の親	57.6
	配偶者の親	16.8
	その他の親戚	13.1
	近所の人	12.2
	専門家やサービス機関	13.8
	職場の人	19.5
	学校時代の友人	21.8
	子どもを通じた友人知人	60.4
	その他の友人・知人	17.3
	インターネット上の友人・知人	7.8
子どもの面倒が見られないときに預ける相手	配偶者・パートナー	62.4
	自分の親	66.3
	配偶者の親	34.2
	その他の親戚	10.8
	近所の人	12.5
	専門家やサービス機関	15.3
	職場の人	0.9
	学校時代の友人	1.1
	子どもを通じた友人知人	25.8
	その他の友人・知人	2.6

表0-4　活動参加・地域とのつながり (%)

		週に1回以上	月に1～数回程度	年に1～数回程度	活動していない
活動参加	自治会などの地域活動	0.3	12.0	27.9	59.7
	PTA活動	1.3	7.4	20.3	71.0
	趣味やスポーツ活動	20.2	16.5	10.3	53.0
	ボランティア・市民活動	1.6	2.7	8.9	86.9
		親しく話をする	会えば挨拶をする	ほとんど関わりがない	知らない
地域の人とのつながり	町内会長	3.8	22.9	15.1	58.3
	民生委員	2.4	12.5	9.5	75.6
	商店街やお店の人	8.9	34.2	23.6	33.3
	隣近所	27.0	58.0	7.3	7.7

市という、都市度の異なる3つの地域を比較検討することにした。

　調査の実施方法は、福岡と長崎では選挙人名簿、東京では住民基本台帳から、30～59歳までの子育て世代に属する女性を対象に各地点1,000名ずつの標本抽出し、2014年1月～3月に郵送調査を行った。得られたサンプル数は1,266（東京392、福岡443、長崎431）票、有効回答率42.0％であった。主な調査項目は①地域移動経験、②団体加入と社会活動の状況、③近隣・地域住民との親しさ、④社会に対する考え方、⑤婚姻状況・子ども数、⑥子どもとの関わり方、⑦子育てに関する情報入手先・相談相手、⑧子どもへの期待、⑨配偶者の関わり方、⑩就労状況、収入、学歴、住まいについてである。①、⑥、⑧、⑨については第2部の章で詳しく論じる際に示すので、ここでは残りのうち⑤と⑩を表0-1に対象者の属性として、②と④の一部を表0-2にSCとして、⑦を表0-3に子育てSCとして、②と③を表0-4活動参加・地域とのつながりとして示した。その他、詳しい集計結果は、報告書のほうを参照していただきたい（石川他 2016）。

　さらに個別事例について詳しく知るために、調査票調査の対象者からインフォーマントを募り、2015年から2016年にかけ、東京3名、福岡6名、長崎2名の女性に対し、インタビューを行った。内容は、①本人がこれまで構築してきた社会的ネットワーク（地域住民・親戚・職場関係者・友人との交流の状況、ネットやSNS利用状況など）、②配偶者との家事・育児分担、結婚後や出産後の人との付き合いの変化、③育児の補助・子育て情報を得るときのネットワーク、④子どもへの教育期待・働きかけ、⑤インフォーマント自身と親との関わり、⑥

現代の教育環境についての意見、⑦地域社会についての意見、等である。なお、プライバシー保護のため、会話の引用の際に個人を示すアルファベットは章ごととし、対応はさせていないことと、一部改編している部分があることを申し添えておく。

　2つの調査はいずれも、平成24年度から27年度に「母親の社会関係資本がこの教育格差に与える影響についての実証研究」（基盤研究（C）課題番号24530688）として科学研究費助成を受け、実施された。調査にご協力いただいた方々に、この場を借りて深く御礼申し上げる次第である。

第1部

第1章　ソーシャル・キャピタルとは何か

杉原　名穂子

1．ソーシャル・キャピタル概念の登場とその背景

(1) 隆盛をむかえるソーシャル・キャピタル研究

　1990年代以降、ソーシャル・キャピタル（SC）への注目は各分野で著しく、政治学、経済学、社会学、社会疫学等、社会科学全般において研究の隆盛を見てきた。この概念自体はそれ以前にすでに登場していたが、近年あらためて脚光を浴びることになったのは、R.パットナムの功績によるところが大きい。パットナムはSCの操作的定義を行い、SCの量を測定可能にしたが、そのことは他の研究者に刺激を与え、その後、数多くの実証研究が積み重ねられていく。

　SC論のこのような隆盛には時代的背景がある。1990年代、レーガニズム、サッチャリズムにもとづく過度に個人主義的な政策への反動から、SCが人々にアピールしたこともその1つであろう（Field 2008）。先進国の財政的逼迫化が進み、発展途上国へ経済支援を行う予算確保が難しいなかで、世界銀行やOECDなどの国際機関が経済資本とは別の資本、すなわちSCに注目したという見方もある。

　日本においても2000年代に入り、健康・教育・地域づくり・介護や子育てなど多くの課題に関連してSCの調査研究が行われている。内閣府が2002年に初めてSCを総括的に把握するための調査を実施したが（内閣府 2003）、そこでの最大の注目はコミュニティ再生に関してSCが果たす役割であった。人間関係の希薄化、家族や地域コミュニティの個人化が進んでいる日本社会において、いわゆる「絆」の存在に人々の意識が高まったことが、SC論の隆盛の背景に

あると考えられる。以降、地域の治安への不安、高齢者介護問題への対処、まちづくりと地域開発など幅広い課題に対し、いかに SC を醸成するかが政策目標の1つとなり、政府の役割や協同組合、社会的企業、NPO などの活動についての研究も進められている[1]。

(2) SC 概念の歴史

社会関係、ネットワーク、コミュニティ。SC と類似した用語は社会科学において以前から存在してきた。社会学では SC への注目は他の社会科学分野より少し遅れることになったが、そもそも人間関係やネットワークがもたらす効果は社会学での重要な分析テーマの1つであり、特に目新しい考えではなかったことがその大きな理由であろう。アメリカ社会における自発的結社の結び付きを論じた A. ド・トクヴィルや、連帯を分析した E. デュルケム、ゲマインシャフトからゲゼルシャフトへと人々の結合の類型の観点から近代社会論を展開した F. テンニースなど、規範とネットワークの古典的研究が19世紀からすでに存在していた。

ではなぜ、あらためて SC という概念が今日注目されているのか。そもそも、SC とは何なのか。それを理解する1つの手がかりとして、SC の概念史をたどることにしよう。ここでは以下のように大きく3つの時期に分けて考えていく。

① 誕生期

まず最初の時期は、social capital という用語が今日的な意味で使用された19世紀末〜20世紀初頭である。この時期は産業革命の進展により、家内領域から公共領域が分離し、近代的な「社会」が誕生した時期と重なる。「social capital はアメリカの知的サークルにおける古い議論に対する新しい用語にすぎない」(Farr 2004 : 10) と評されるように、SC の考え方自体はそれまでも存在したが、最初に今日的な意味で social capital という用語を用いたのは J. デューイの1899年のペーパーであったともいわれる (Portes 1998, Farr 2004, Woolcock 1998, Plagen 2011)。

「これらの科目［読み・書き・算］は二重の意味で社会的である。それらは知的探求の手段として社会がこれまで発達させてきた道具を意味している。それ

らは限られた個人的経験のとりうる範囲をこえて存在するsocial capitalの富を子どもに開く鍵を意味している。」(Dewey 1915：104)

デューイは新たに誕生した市民社会そして産業社会においては、教育もまた革命的に変化すべきだと考えた。民主主義社会とは、市民が相互にコミュニケートすることで集団や自主的組織を作り活動する協同生活の様式にほかならない。さらに、家族親族的な労働とそこでの学びが中心であった社会と異なり、市場が世界的に拡大し、都市での生活者が増加する産業社会化が当時まさに進行していた。そのようななかで必要とされるのは「社会的な」個人である。すなわち、他者への洞察を働かせ、共感能力が高く、コミュニケーションをとり、他者と協同する能力がより効果的な成果に結び付く。こうしてデューイは「社会」と学校を結び付ける独自の経験的学習理論を提唱し、SCという用語を使用した。

デューイはsocialと経済用語であるcapitalを結び付けたが、そこには当時発展していた経済学の影響があったろうことは想像に難くない。19世紀の経済学では「資本」を市場外の「社会的な」観点から認識し、social capitalという用語がしばしば用いられた（Farr 2004, Woolcock 1998）。市場が機能し人々の経済活動を支えるために必要な共感能力や道徳性、また国家、教会など市場外の諸制度がSCという概念で論じられた。デューイも産業社会で成功をおさめるにはSCが重要であり、読み書き算数の基礎的な技術がそのSCへのアクセスに必要だと考えたのである。

デューイは、個人の経験を越えて存在する社会的資産という意味合いで漠然とSCを用い、さらなる詳細な議論を展開することはなかったが、より詳しく論じたのはL. J. ハニファンの学校研究である。1916年のペーパーのなかで、彼はウエスト・バージニア州でのSCを取り上げながら次のようにいう。「social capitalという用語を用いるとき、私は比喩的な意味で用いているのであって、通常の意味でのcapitalに言及しているのではない。私は不動産や動産や現金について述べているのではなく、それらの有形のものを日常生活で価値あるものにせしめているものをいっている。すなわち、ある社会単位や地域社会を構成する個人の集団や家族間にある善意、仲間意識、共感、社会的やりとりについてである。地域社会の論理的中心は学校である。コミュニティを形成す

るには、ビジネスの組織化と拡張の場合と同様に、建設的な活動が行われる前に資本の蓄積がなければならない。」(Hanifan 1916：130)[2]

ハニファンは明らかに比喩的に social capital という用語を用いている。またモノや財に価値をもたせるものが SC であるとしている。このハニファンを通して、SC 概念は現代へと受け継がれていくことになる。

② 確立期

第2の時期は1970～1980年代の確立期である。SC という言葉はハニファン以降もしばしば登場していたが、それがより体系的に定義され、経験的な分野で用いられるようになった時期である。代表者が、P. ブルデューと J. コールマンであり、現在の多くの実証研究はこの2人の SC 概念に遡る。

ブルデューとコールマンは互いの研究に触れることはなかったが、どちらも主に教育分野で、社会関係や協力関係がもたらす利益に注目し SC 概念を用いた点で共通する。ただし両者の研究はその社会的文脈も概念の定義も異なる。

ブルデューはフランス社会における階級問題に取り組み、教育課程が階級再生産のプロセスにいかに関与しているかそのメカニズムを解明するなかで SC 概念を提起した。彼はマルクス主義の方法論を社会研究に取り入れることに意欲的な研究者であった。教育達成にも職業達成にも、社会には厳然とした格差の再生産がある。近代公教育は格差の再生産をなくすための政策であるにもかかわらず、なぜそれは解消されないのか。そこには、経済資本だけでなく、無自覚、無制限に親から子に受け渡されている資本があり、その再配分にも目を向けなければ問題は解決しない。そう見た彼が焦点をあてたのが文化資本であり、社会関係資本であった。階級再生産をテーマとしたブルデューにとって、SC は「経済資本が仮装した」(Bourdieu 1986：253) ものであり、エリート層が時間とお金を社会関係資本に転換したもの、いわば持てる者に専有される資本と見なされた。

他方で、アメリカ社会での学校間格差を研究したコールマンは、家族やコミュニティに格差解消のカギを見出した。1961年、シカゴの高校生の調査で、彼は親や教師など大人よりも仲間集団が若者の見解に影響を与えていると明らかにした。さらにコールマン報告では家庭やコミュニティの特徴が学校要因よりも子どもの進学に影響を与えると発表した (Coleman et al. 1966)。これらの研

究を経て、1980年代、SCという概念を用い、家庭の経済的不利益はSCで相殺されると論じた。ブルデューとは異なり、コールマンはSCを一部のエリート層だけが所有するものではなく、持たざる者にも所有される資源とし、それを用いて社会的地位をひっくり返す可能性について言及した。

この両者の視点の違いは、定義の違いにも現れている。ブルデューはネットワークとそれがもたらす資源がSCであり、コールマンはネットワークのみならず、コミュニティへの所属とそこで作用する義務や信頼といった規範も含めてSCだと見なした。ハニファンは善意や共感、社会的やりとりをSCとしたが、コールマンはアメリカ学校研究の文脈に立つためか、このハニファンのSC概念と近いといえる。ブルデューとコールマンの定義の違いは、現在のSC調査研究にもそのまま引き継がれている。

③ 発展期

第3の時期は1990年代後半以降の発展期であり、より多くの調査研究が積み重ねられ、SC論の隆盛を見た時期である。そのきっかけは前項で見たようにパットナムの業績である。パットナムは「理論的抽象性からその概念を救出した」(Field 2008：4) と評されるように、SCの操作的定義を行い実証研究に途を開いた。

政治学者であったパットナムは、投票率の低下、労働組合やPTAなど組織への参加率の低下など、アメリカ社会で進行していた変化をSCの量が減少しているという視点で説明した。そして、積極的な市民参加の促進、人と人のつながりの強化が、地域社会や市民社会の再生に重要だと主張する。

彼の著書のタイトル『孤独なボウリング』は弱化しつつあるアメリカ市民社会を象徴するものとしてインパクトを与えるものである。パットナムはSC概念をハニファンに遡って整理しているが、そのことからわかるように、彼のSC論はブルデューの議論とは異なり、コミュニティや規範を強調するものであった。パットナムの貢献の1つとして、社会学では常識だった規範や連帯といった概念を、政治学のなかに持ち込んであらためて光をあてたことが挙げられる。コミュニティの人間関係の緊密さを民主主義の重要な基礎と見なし、SCの減少によって市民的公共性が衰退している現状を指摘した彼の議論は、政治学に「社会」を戻す決然とした努力であるとも評された (Lowndes 2006)。

したがって、パットナムのSC概念は、ブルデューのようにエリートに占有されるものではなく、コールマンと同じく誰もが所有するものと定義される。同時に、個人としてのSCの所有だけでなく、公共財としてコミュニティレベルでのSC保有が大きなテーマとなった。SCの多い社会とSCの少ない社会の議論がパットナムの研究では中心的となっている。

以上、SCの概念史を簡単に見てきた。これを見ると、SCは当初、資本の形態をもたず比喩的な用語として考案されたこと、また、他者との協力関係、それを可能にする能力や共感などがその意味の中心であったことがわかる。単に関係性や集合性、つながりや相互行為を指すのではなく、そのつながりを構築していく力や心理に注目が集まったときに、SCという用語が用いられたのである。

1990年代以降、パットナムの議論を機に社会学でもSC研究が盛んになったのは、産業化がよりいっそう高度に進展し、U. ベックのいうところの「第2の近代」に突入したからであろう。産業のいっそうの高度化による就業やライフコース、消費スタイルの細分化、また移民の流入によるコミュニティの変容など、個人化が進み、社会的な結び付きや規範そのものが揺らぎ、自明視できなくなった。そのような現代社会で、あたかも産業社会化の初期に伝統的紐帯から離脱した個人が「社会的」個人としての能力を求められたときと同じく、絆を作る力そのものが問われることになった。また、1990年代には社会科学において文化的側面への注目が高まり、そのこともSC概念に刺激を与えた。たとえば、親密性や信頼は、SC概念の中核に非常に近い2つの例として挙げられる (Field 2008)。このような社会状況を背景に、ネットワークやコミュニティといったなじみのある概念とは別に、SCという古くて新しい用語を用い、数多くの研究が積み上げられていったといえる。

2. 様々なSC

(1) **理論的潮流**

今日、非常に多くのSC研究が様々な領域ですすめられているが、SCの定義は多様かつ曖昧であり、研究者によって異なる。共通しているのは、人間関

係や協力関係それ自体から利益が派生するという認識である。

様々なSC概念であるが、大きく分けて2つの理論的伝統に位置づけられる。

① 機能主義

機能主義的系譜は、理論的にはデュルケムにまで遡るもので、集合的行為のディレンマを乗り越え、社会の統合を可能にするものとしてSCをとらえる。鍵となる概念は連帯や規範である。パットナムは、規範や規則、義務によって社会化された行為者像に立ち、「コミュニティレベル」でSCを定義する。パットナムのSCの定義は、「個人間のつながり、すなわち社会的ネットワーク、およびそこから生じる互酬性と信頼性の規範である」(Putnam 2000＝2006：14)。前述したように、ネットワークのみならず、コミュニティやそこでの規範を定義に含めているのが特徴である。

コールマンは経済学と社会学にまたがる理論の構築を企図し、合理的選択理論の立場に立つ。コールマンは、当初は自己の利益を追求して合理的に行為する個人の観点から出発し、SCをネットワークと見た。いわば個人ベースの概念であった。しかし、なぜネットワークに所属すると有益な資源が得られるのか。この問題を追求することで、SCの概念に規範を導入し、コミュニティレベルのSC概念となった。

コールマンのSC概念は機能によって定義されるのが特徴である。椅子という概念が形や素材の違いを問わず機能によって定義されるように、SCも機能によって定義されるという。SCの機能とは行為者が自己の利益を達成するために利用することができる資源としての価値である。こうして、コールマンはSCを次のように定義する。

「社会的資本はその機能によって定義される。それは単一の実在ではなく、次の二つの属性を共有する、非常に多様な実在である。〔1〕社会関係資本はすべて社会構造のある側面からなる〔2〕社会関係資本は構造内にいる個人にある種の行為を促す」(Coleman 1990＝2004：474-475)。

② 葛藤理論

葛藤理論は、K. マルクスの理論に代表される系譜である。この系譜に立つSC論は、社会の統合ではなく、社会闘争や社会的不平等との関係から諸資本を取り上げる。鍵となる概念は権力である。ブルデューが代表的論者で、彼は

SC を階級によって専有される資源とし、それが不平等を生み出し再生産するプロセスと権力作用を解明しようとする。

　ブルデューの SC の定義は「互いに面識があり認知している多かれ少なかれ制度化された持続的なネットワークの保持――別の言葉でいえば集団におけるメンバーシップ――に結び付けられた実在のあるいは潜在的な資源」(Bourdieu 1986：248) である。SC はネットワークであり、ネットワークの大きさと、そのネットワークのメンバーが持っている経済的文化的資本の量で測定される。①の機能主義の系譜とは異なり、コミュニティや規範、信頼などとは関係させないのが特徴である。

　この系譜の SC 論は、様々なフィールドでの行為者の位置によって SC が不均等に分配されている側面を描き出す。そのため、階級やジェンダーなど、公正な SC の分配を問題にする研究者はブルデューの方法論の必要性を主張する (O'Neill & Gidengil eds. 2006)。ブルデュー自身は家庭で相続される文化資本に分析の主眼を置き、SC については精緻な調査研究を行わなかった。しかし、彼の理論が SC の概念史のなかで重要なものと位置づけられるのは、理論的に最も精緻なもの (Portes 1998, Lin 2001＝2008) であるだけでなく、アメリカにおけるコールマンやパットナムとは異なる系譜にたち、独自の影響を与えたからであろう。

(2) SC の諸類型

　これまで見てきたように、SC 概念は研究者によって定義が様々に異なるが、ネットワークのメンバーシップや共有された価値が SC 概念の中心に位置していることは共通している。その SC には様々な型が登場する。そのなかで有名な議論をいくつか紹介しておこう。

① 関係性とそれを維持するもの――構造的 SC と認知的 SC

　関係性やネットワークが利益をもたらす点では多くの研究者が同意するが、そもそもなぜそのネットワークが利益をもたらすように働くのかという点については複数の説明が存在する。例えば、A がある集団に所属することで情報や援助を得て利益を得るとする。なぜ集団の他のメンバーは A に協力するのか。ここには、関係性そのものと、関係性を維持するものとの 2 つの次元が存

この問題について、コールマンは功利主義的に説明する。メンバーがAに協力するのは見返りを期待したり制裁を回避するためである。人は合理的に計算して振る舞うが、その計算を支えるものとして恩義や義務といった規範の存在もそこに見出す。

コールマンのように合理的人間像に基づかず、規範の内面化を非合理的な基盤で説明するデュルケム的な立場もある。いずれ将来、他のメンバーからの見返りが期待できるという考えは、将来必ずしもその通り報われるという保証はなく、その点では利害に基づいたものとはいえない。一般的互酬性の規範や信頼をSCに含めたパットナムはこちらに位置づけられるだろう。そのため、彼のSCはデュルケムの連帯を想起させ、ロマンティックな共同体像を提示することになる。

この2つの次元—すなわち関係性そのものと関係性を維持するもの—は、それぞれ構造的SC、認知的SCと整理される。前者がネットワークの構造に由来するSCを指し、後者は規範に関わるより心理的なものである。

このうち、規範を定義に含めるか否かはSC研究で常に論争の的となる。前項で触れたように、ブルデューはネットワークをSCとし、規範を含めていない。Aと他のメンバーの関係を維持するのは集団やネットワークへの絶え間ない投資活動である。そのため、その活動に資源を投入できる者が有利にネットワークを構築・維持できるとされ、経済資本から文化資本や社会関係資本への転換、さらに社会関係資本から経済資本や文化資本への転換、といった資本間の転換を理論的特徴とする。

N. リンは、規範を定義に含めるのに反対し、ブルデューのようにネットワークをSCとして定義する。彼の定義は「社会関係資本は人々が何らかの行為を行うためにアクセスし活用する社会的ネットワークに埋め込まれた資源」(Lin 2001＝2008：32) である。他方、稲葉陽二 (2007) は、単なるネットワークでなく、規範や価値を共有することの重要性をあらためて認識させたことが、SCが栄えている理由だと述べる。OECD (Healy & Côté 2001) の定義でも「規範や価値観を共有し、お互いを理解しているような人々で醸成されたネットワークで、集団内部または集団間の協力関係の増進に寄与するもの」とし、ネット

ワークのみならず規範や価値観も定義のなかに含ませている。

② 集合財と個人財

SC を個人が所有する個人財と見るか、集団が所有する集合財と見るか、ということでも議論がある。

パットナムやコールマンのように SC 概念をコミュニティベースで定義する場合、個人財としてのみならず集合財としても認識する。SC は個人にも集団にも利益をもたらしうる。そして SC は「コミュニティに広く影響するので、社会的つながりのコストも利益も、つながりを生み出した人のみにその全てが帰せられるわけではない」（Putnam 2000＝2006：16）という側面をもつ。投資するものが利益を回収できるわけではなく、逆にただ乗りする者も登場する。また、個人として多くの SC を有していても、コミュニティの SC が貧弱である場合は、SC が豊富なコミュニティに属しているよりも効果は少ないともされる。

リンは多くの研究者は集合財でもあり個人財でもあるという見解で一致しているが、信頼や規範とともに集合財として論じる場合に問題が生じると指摘する。「社会関係資本を関係財として文化、規範、信頼などの集合財と区別しなければならない」（Lin 2001＝2008：34）。それらを集合財として見ることは、SC 論の理論的根幹である人々のネットワークからはるかに離れたところまで定義が拡大し、循環論に陥るというのがその理由である。

③ 関係性の型——結束型 SC と橋渡し型 SC

SC 研究は社会ネットワーク論から多くの影響を受けている。ネットワーク論は、閉鎖的ネットワークと開放的ネットワーク、強い紐帯と弱い紐帯など機能の違いにより類型化を行ってきた。

パットナムはそれらの研究をふまえ、結束型（ボンディング型）と橋渡し型（ブリッジング型）という有名な類型を提示した（Putnam 2000＝2006：19-20）。

結束型（ボンディング型）は、内向きの志向をもち等質な集団を強化する場合などに働く SC である。特定の互酬性を安定させ、連帯を動かしていくのによいが、パットナムが「排他型」とも呼ぶように、外集団に対して排他的になるという負の外部効果も起こりやすい。橋渡し型（ブリッジング型）は外向きで、様々な集団をまたぐネットワークからなる。外部資源との連繋や情報伝播にす

ぐれている SC であり、パットナムは「包含型」とも描写している。なお、M. ウルコックはこの2つに加え、連結型（リンキング型）SC を新たに提唱した。橋渡し型が水平的な外部とのつながりであるのに対し、連結型は垂直的なつながりを指す（Woolcock 2001）。

コールマンが重視したのは閉鎖的ネットワークの持つ強さであり、規範の遵守を義務化する関係性がもたらす利益である。その点からすれば結束型に重きを置いた理論だといえる。他方で、パットナムは橋渡し型 SC をより重要だと考えた。アメリカ社会での SC 量が減少していることを批判し、人々の連帯を強調することから、パットナムの議論はテンニースのゲマインシャフト論を想起させるといわれることもある。しかし、パットナムは、テンニースのようにゲマインシャフトを称揚しない。伝統的な地域は市民的ではない、全人格的な関わりよりもむしろ選択的な関わりが重要であり、橋渡し型 SC を強調するのがパットナムの議論の傾向である。

M. グラノヴェターが「弱い紐帯の強さ」を論じたように、橋渡し型 SC の重要性は様々な研究で指摘される。結束型 SC についてはプラス面のみならずその負の効果を問題視する研究も多く、日本での教育調査でも、結束型 SC の形成がいき過ぎると多様性への寛容性の喪失を招きかねないという警鐘が鳴らされている（三菱総合研究所 2011）。結束型、橋渡し型あるいは連結型の SC のバランスをどのように構築するかがそれぞれの領域で課題となっている。

3. SC 概念の問題点

SC 論が盛んになると同時に、それが抱える問題点も示されている。最後にその点についていくつか取り上げておく。

(1) 定義をめぐって

これまで見てきたように、SC の定義は複数存在するが、その定義がそもそも広すぎるという問題が指摘されている。1つの概念であまりに多くを説明しようとし過ぎる（Portes 1998, Woolcock 1998）として SC 概念の有効性に疑問が示される場合もある。

SC論が循環論に陥ることも理論的問題として挙げられる。ブルデューにおいてはSCとそれを通して得られる利益との区別が明確であるが、コールマンではその点が曖昧でトートロジーになっている (Portes 1998, Lin 2001=2008)。コールマンのSC概念は機能によって定義されている。すなわち、ある関係が利益を生み出すならSCであり、生み出さないならSCとは見なされないことになる。この場合、原因 (SC) と結果 (利益) が区別されず、SC＝利益となってしまう。

SCと利益のトートロジーはコールマンにとどまらず、SCが個人の所有する資本を超えコミュニティに拡大する場合に抱える理論的課題だとリンは述べる。しかし、この循環論はSC概念が登場した当初の根本的な発想と関係している。すなわち、モノや資源はそれ自体では利益を生まず、関係性のなかで利益をもたらすという考え方である。そのため、SCと利益の区別が曖昧となる理論的特徴がSC論で付きまとうことになる。

(2) ネガティブなSC

SC論の隆盛は、いかにSCを醸成するか、という政策課題と結び付くことが多い。すなわち、SCは多いほうがよいもの、という前提がそこにはある。パットナムはロマンティックなコミュニティ論になっていると評されるが、ブルデューもまたSC所有のプラス面のみを論じている。しかし、「資本」という考え方で正の効果を強調し過ぎることへの懸念は多くの論者から指摘されており、ネットワークや規範のもつ負の効果に注意がうながされている (稲葉他 2011)。

例えば、自由と平等との関係である[3]。

コミュニティの連帯と個人の自由のディレンマはG. ジンメルが描いた古典的な問題で (Simmel [1902] 1964)、デュルケムもまた、社会的なものとは個人にとって外在的であり拘束的であると述べた (Durkheim 1895=1978)。彼らの時代は第1の近代にあたり、「個人の自律性と責任のほうを重視した。今日では振り子は逆に振れ、多くの研究者が社会のコントロールを再構築するためにより強いコミュニティネットワークと規範の遵守を求めている」(Portes 1998：17)。SC論が持つそのような特性をかんがみれば、そこに働く権力作用

への視点はやはり失ってはならないといえる。

　そのことは平等をめぐる問題とも共通している。SC は、異なるタイプのネットワークへのアクセスが不平等に分配されているために、不平等を促進する側面がある。パットナムが女性の賃労働が SC を減少させたと論じたとき、ジェンダー研究者から批判を受けることになった。また、強い内的ネットワークにより人種的な差別や分断、分離が助長されるという恐れも指摘されている[4]。ブルデューは階級問題のなかで SC を論じたが、日本でも格差社会を解消するために SC が教育において不平等や格差を強化するのか、それとも格差を補填するのか議論となっている（志水 2014）。階級、ジェンダー、エスニシティをめぐるこれらの議論から、SC がどのような作用や効果をもたらしているのか注意深く見極め、公正な SC について考えることの必要性が浮かび上がっている（杉原 2012）。

1）　例えば、坪郷編（2015）など。
2）　J. ファーは、ハニファンはデューイの研究に親しんでおり、social capital 概念もデューイから転用したのではないかと推測しているが、確証はないという。
3）　パットナムは、フランス革命の自由、平等、友愛の理想のうち、友愛は自分が SC と名付けたものの別名だと述べる。そして、自由と平等をめぐって長く論争されてきたことが友愛にもあてはまる、すなわち「過剰な友愛は自由や平等によってよくないものだろうか」と問いかける（Putnam 2000＝2006：433）。
4）　A. ポルテスは、SC がもたらすネガティブな側面を、外部の排除、集団のメンバーへの過度の要求、個人の自由の制限、下方への規範の平準化の 4 点に整理している。とくに、エスニック集団の問題を例にこれらを論じている（Portes 1998：15-18）。

第2章　教育とソーシャル・キャピタル

中西　祐子

1．ソーシャル・キャピタル研究がもたらした「混乱」

　近年、社会科学系各分野においてはソーシャル・キャピタル（SC）概念を導入した研究がブームとなっている。教育を対象とした研究においてもそれは例外ではない。ちなみに2017年8月の時点において行った「cinii articles」ウェブサイト上での「社会関係資本＋教育」あるいは「ソーシャル・キャピタル＋教育」をキーワードとする簡易検索では、前者は124件、後者は126件もの研究がリストに上がってきた。

　この数は学術雑誌掲載論文から学会での口頭発表要旨まで含んでいるうえ、重複検索されたものもなかには含まれる。したがって実際発表された論文数はこれよりは少なくなるものの、ここではまず、この簡易検索から見えてくる国内のSC研究の動向を2つ指摘しておきたい。第1に、検索結果に上がってくるSCに関する教育的研究はすべて2000年代以降に登場したものであった（「社会関係資本＋教育」のうち最も古い研究は2003年、「ソーシャル・キャピタル＋教育」のうち最も古いものは2002年に発表されたものであった）。すなわち、国内における教育とSC研究の隆盛はきわめて新しい傾向といえる。第2に、このわずか20年にも満たない間に世に出された「教育とSC研究」の内容は、きわめてバラエティに富んでおり、とても同じ概念を使ったとは思えないほど多様であるということである。

　こうした現象が生じていることの1つの理由は、そもそもSCの概念自体が「信頼・規範・ネットワーク」（稲葉陽二　2011：23）と多義的なところにあろう。またそれだけでなく、従来から「教育」研究が扱う対象自体が、学校教育、家

庭教育、社会教育・生涯学習にいたるまで幅広く、学問基盤的にも社会学、政治学、心理学、教育工学など複数分野にわたっていることにも起因していよう。本稿においてはこのうち、主として社会学的なパースペクティヴにのっとり執筆されたものに限ってその知見を紹介するが、それでも依然としてSC概念の使用法にはある種の「混乱」が見られることは否めない。

　すなわち、「何をSCと呼ぶか」について、教育現象を扱った社会学的研究に絞り込んでも、必ずしも共通の定義が用いられているわけではないということである。例えば、ある研究ではマイノリティ（被差別部落や移民）の子どもたちの家庭教育環境の不利益を是正するための地域コミュニティの教育力をSCの概念を用いて議論している。一方、他の研究では、親の学校参加や家庭内での親の子どもへの関与の度合いをSCの概念で説明し、SCと子どもの学力向上との関連性が議論されている。

　これらはどちらも子どもの学力形成とSCの関係性に着目した研究であるが、前者が家庭の「外部」にある「社会」のなかで作られる資本を「SC」（ソーシャル・キャピタル＝社会の資本）と呼んでいる一方、後者は家庭の「内部」にもSCの存在を認めているところが大きく異なる。後者は人と人との関係性、言い換えると「社交性」のようなものがもたらす資本を「SC」（ソーシャル・キャピタル＝社交性資本）と呼び、家族内部のメンバーと外部の教師や他の親との人間関係、あるいは家庭内のメンバーどうしの人間関係に着目しているのである。第2のタイプとして、ほかにはエリート学校の卒業生が持つネットワークをSCの概念で説明する研究もあり、この場合は、家庭の「外」にある社会空間に広がる各種の人間間のネットワークを「SC」と呼んでいるのである。

　このような概念のある種の混乱は、同じように「資本」概念でとらえられてきた、経済資本や文化資本の場合と比べると、かなり異なっている。とくにSCの概念を指標として、経験的研究を行う場合、何をSCの指標としているかは、研究によって大きく異なっているケースも少なくない。

　それでも教育に関する社会学研究において、SCの概念は人々を魅了し続けている。それは志水宏吉（2016：144）も指摘するように、「（経済資本や文化資本と異なり）社会関係資本は、学校・教師の力でいわば無限に生成することが可能である」という期待を人々に抱かせるからであろう。家庭格差と教育格差が

社会問題化する現代社会において、家庭の格差から人々を解放するための資本をそれがもたらすことができるのだとしたら、SC は魅力的な資本となる。では、教育と SC 研究では、これまでどのようなものが SC として定義され、そこでどのような効果が見出されてきたのだろうか。本稿では、既存の教育と SC 研究を SC のとらえ方の違いを基準にいくつかのタイプに分類したうえで、それぞれのタイプに分類される研究が何を明らかにしてきたかを整理する。

2．教育社会学領域における SC 研究と背景理論

　さて、何を SC と呼ぶかが統一されていない背景には、そもそも理論家間においても SC の概念の統一がとれていないことがある。そのため、日本においてそれぞれの研究者が誰の理論を土台とするかに応じて、SC の指標には違いが生じてくるのである。

　例えば家庭や学校「内部」の人間関係を SC と見なす研究は、とりわけ教育現象を対象とした SC 研究に特有の傾向ともいえるが、その前提には J. コールマン（1988＝2006）特有の SC のとらえ方がある。コールマンが定義する SC のなかには、家庭の内部の人間関係として形成されるものと、家庭と家庭の外部との間に形成されるものの双方が含まれる。前者に関していえばコールマンは、親がどれほど子どもに注意を払っているか、言い換えると親子の関係性が密であることが、SC が豊かであることの指標だと見なしており、多くの教育社会学者もコールマンにのっとり、家庭内部の人間関係と子どもの学力形成との関わりに着目してきたのである。

　一方、マイノリティの子どもたちの家庭環境の不利益を、地域の大人たちの教育的サポートにより補償することを SC の概念でとらえた研究の背景には、R. パットナム（2000＝2006）的な地域の人々の互助的関係がある。さらに、エリート学校のメンバーになることでもたらされるネットワークの有益性を SC ととらえる研究の背景には、P. ブルデュー（1980＝1986）の理論がある。

　そこで本論では、本書第 1 章でも整理した、SC 理論を分類するためのいくつかの枠組みに着目し、それらを手がかりにこれまで国内で行われてきた SC と教育に関わる研究を分類する。前章では、既存の理論は、SC を a) 構造的な

図 2-1　教育と SC 研究の分類枠組み

ものとしてとらえるか／認知的なものとしてとらえるか、b)個人財と見なすか／集合財と見なすか、あるいは、c)結束型／橋渡し型のどちらの機能に着目したものであるか、といった枠組みにおいて分類できることを指摘した。

　これを参考に本章では、各研究が、①SCを個人財としてとらえているか／集合財としてとらえているか、②結束型SC／橋渡し型SCのどちらに着目しているか、の2つの軸を用いて、これまでの研究を整理する。この2つの軸を交差させると、SCを用いた研究は図2-1のような分類が可能となる。

　なお、図2-1のような分類枠組みを設定すると、同じ社会現象に関しても、SC効果について全く正反対の解釈が下される場合があることについても説明可能である。例えばある大学への進学が、学生のSC獲得にもたらす効果を考えるといった場合、小規模で地元の学生たちを多く集める単科大学と、大規模で全国区の学生を集める総合大学とを比較したとする。実はこの考察に対する回答は容易ではない。なぜなら、上記の図2-1のどの側面のSCについて比較するかによって、その答えは異なってくるからである。

　小規模な単科大学は、キャンパスで過ごすうちに学生同士が自然に顔見知りになることも多く、結束型のSCの醸成には適している。一方、全国から多様な学生が集まってくるような大規模総合大学は、学生たちの特性も多様であり、結束型SCの醸成の面においては、小規模大学より不向きであろう。しかしながら大規模総合大学は、卒業生の進路が多方面にわたっていることから、卒業後の人脈獲得においては小規模単科大学よりずっと有利といえる。すなわち、多方面で活躍する卒業生を持つ大学であるほうが、橋渡し型SCの獲得面においては有効なのである。

　あるいはまた、「子どもの学力向上」という同一の目的に向けて人々が行っている行為を研究する際もSCを個人財の側面でとらえるのか、集合財の側面でとらえるのかに応じてその対象は異なってくる。教育熱心な親が自分の子どものために、自らの知人ネットワークを駆使して有能な家庭教師を見つけてく

るようなケースでは、親の個人財としてのSCの活用に焦点があたっており、一方、マイノリティの子どもたちの教育支援のために、地域の大人たちが集まって学習教室を開いているようなケースは、地域の集合財としてのSCが議論されているのである。

なお、前章で提示された、a) の側面—構造的SCか認知的SCか—に関して、本章では次の2つの理由から分類軸には組み込んでいない。第1に、教育心理学や発達心理学の領域で行われてきたSC研究に比べ、社会学的パースペクティヴにのっとった教育研究の多くは、SCの構造的な側面に着目してきたと思われるからである。第2に、とはいうものの、社会学的研究においても、構造的なSCが考察される際にはその背景に、関係者同士の信頼や規範の存在が必ず前提とされていると思われるからである。例えばパットナムやコールマン理論のSCは、関係者同士の信頼や互助的な規範が前提とされているが、ブルデューが指摘するSCであるクラブ財的なネットワークもまた、その基盤に「○○のメンバーであること」という象徴性に対するお互いの信頼があるからこそ、メンバーはそのネットワークを活用した資源へのアクセスが可能といえるからである。すなわち、①〜④に分類されるいずれのSCのタイプにおいても、その成立には構造的な側面と認知的な側面が同時に備わっているものと考えられる。

前置きが長くなったが、次節からは上記に示した図2-1の分類にそって、SCの①結束型集合財、②結束型個人財、③橋渡し型個人財、④橋渡し型集合財、の各側面に焦点をあてた既存の「教育とSCに関する社会学的研究」を紹介する[1]。

3. 結束型集合財としてのSCに着目した研究

まず①にあたる、結束型集合財としてのSCの形成に着目した研究例として、ここでは高田一宏（2008）、木村和美（2008）、三浦綾希子（2013）、竹下修子（2007）、の4本を取り上げる。高田（2008）と木村（2008）は被差別部落の子どもたちの教育支援に向けたコミュニティの取り組みに着目したものであり、三浦（2013）と竹下（2007）は、国際移住によりエスニック・マイノリティと

なった母親たちが形成するネットワークが、子どもの教育のために活用されている事例をSCの概念を用いて考察した研究である。いずれも国家の中で、マイノリティグループに位置づく子どもたちの教育補償の問題に焦点をあてたものという共通点がある。

(1) 被差別部落の子どもたちへの教育支援とSC

初めに紹介する高田（2008）は、家庭と地域の強力な連携のもとで子どもたちの学習意欲の向上と家庭学習習慣の形成に成功し、「効果のある学校」と評されるようになった関西地区の一小学校を研究対象としたものである。そして、学校と家庭・地域の信頼・協力関係、すなわち「つながり」を「社会関係資本（social capital）」ととらえ、被差別部落の子どもたちの学力形成に及ぼす効果を考察している。SCとは「貧者のエンパワメント」であると指摘する高田（2008）は、「経済的資本や文化資本は個人（ないしは家族）の私財であるのに対し、社会関係資本は人々の共有財である」（高田2008：42）と述べ、続けて次のように指摘する。

> 学校と家庭・地域の信頼・協力関係（社会関係資本）は、生活文化の変容と学力形成や教育達成へとむすびつき（文化資本）、ひいては安定した雇用や収入（経済的資本）をもたらすということである。社会関係資本という元手を上手に使うことができれば、文化資本や経済的資本を蓄積することはできる。学校と家庭・地域の間に蓄積される社会関係資本は、個々の家庭の抱える不利な条件を克服する手がかりになり得る。（高田 2008：43）

このスタンスは、教育格差の解消には「つながり格差」を解消することが重要であることを論じた志水（2014）の一連の研究ともその立場を同じにするものである。たとえ家庭間に経済資本や文化資本の差が存在していようとも、SCは、その格差を埋めることができる。高田（2008）は家庭間格差是正のための「地域の力」としてのSCの可能性に期待するのである。

同じく被差別部落におけるネットワークに着目した木村（2008）は、マイノリティの立場にある者は、「単に『排除される者』ではなく、彼／彼女らなり

の社会関係資本を醸成している」(木村 2008：65)ことに着目し、次のように結束型 SC に着目することの重要性を述べている。

　　マジョリティへの「対抗手段」として積極的に形成されるマイノリティ・ネットワークの事例として、被差別部落における解放運動を核とするネットワーク形成を取り上げる。そして、ネットワークへの「投資」と「利益」に着目し、被差別部落の人々の間でどのような社会関係資本が醸成、利用されているのか、彼／彼女らの主観的解釈を重視し分析を行う。
　　（木村 2008：68）

　ここからわかるのは、木村が着目するのは結束型の SC であり、またそれを「人々の間で」「醸成、利用され」る集合財的なものとしてとらえているということである。被差別部落には「差別や排除によって不利益を被ってきたという共通認識による強い同質性と、完結した状態にあった社会的ネットワーク」(木村 2008：69)があると指摘する木村は、かつて「行政闘争の中心的役割を果たしてきた」A 地区において、1990年代半ばには「同和対策事業の縮小にともない……地区の解放運動を支えてきた教育守る会……が解散し……その結果、かつてのように保護者や子どもが集う機会が減り、保護者同士のつながりや教育機関とのつながりが薄れていった」(木村 2008：69)が、10年ほど後の2000年代冒頭に再び「新たな保護者組織『A 保護者会』が設立され……もう一度保護者がつながりあうことを目的に活動を行っている」(木村 2008：69)こと、さらに2000年代半ばからは「A 保護者会運営の小学生学習会が青少年会館で始まった」(木村 2008：69)ことに着目する。2000年代に入り、保護者たちが再び教育支援組織を立ち上げた背景には、地域の子どもたちの進学率の低下があったという。かつて存在していた「地域の保護者や子どもを地域全体で支え、育てていこうとする『共同子育て意識』」(木村 2008：74)の重要性が再確認され、再び地域の SC が醸成されたのである。
　同時に木村（2008）は、こうした結束型 SC の負の側面についても着目している。かつての保護者組織「教育守る会」が解体した背景には、組織参加の義務化や、過度の「横並び意識」への参加者たちの不満もあったと指摘する。す

なわち、ポルテス（1998）の指摘にある、結束型のSCの負の側面が、地域の教育支援組織の弱体化を招いたということである。一方、新たにできた自由参加制をとる「A保護者会」も、問題がないわけではない。そこでは、組織に協力的な一部の保護者に過重な負担がかかっているという。いわゆるSCの「ただ乗り問題（フリーライディング）」（Putnam 2000＝2006：49）である。すなわち結束型集合財としてのSCも、地域に住むすべての住民に対して、恩恵をもたらすものでは必ずしもない。ただし、フリーライダー問題は、地域の貧困や経済格差という、より大きな社会構造のなかで発生しているとも木村（2008）は指摘する。

(2) エスニック・マイノリティの母親による教育支援ネットワーク

高田（2008）や木村（2008）が被差別部落の子どもたちの教育支援にSC概念を適用している一方で、グローバル社会のなかで、国際移住をした人たちの移民コミュニティ内で形成される親のエスニックなネットワークが、SCとして子どものための教育資源になることに着目したのが三浦（2013）と竹下（2007）である。前者は日本国内に移住してきたフィリピン人の母親ネットワークを、後者は国際結婚をして海外移住をした日本人女性が活用する親族ネットワークおよび日本人母親ネットワークを研究対象にしている。

日本で家事労働者として働くフィリピン人の母親ネットワークを調査した三浦（2013）は、コールマン（1988＝2006）の議論に言及しつつ、来日後に国際結婚をし、子育て世代にさしかかった母親たちが、子どもの学校や教育にまつわる情報を「フィリピン人の母親」という同質的なエスニック・ネットワークから得ていることを明らかにしている。出身国、子どもの年齢、職業、居住地域の点においてきわめて同質性の高いこのネットワークは、コールマンのいうところの情報チャンネルとして、そして子どもたちの逸脱を防ぐ相互監視機能として作用するSCである。

日本国内におけるマイノリティの子どもたちの抱える教育問題という点では同じでも、被差別部落の子どもたちと移民の子どもたちの間で大きく異なるのは、後者の居住地域はしばしば点在しているという点である。とくに母親が家事労働者として移住した場合、移住のプロセスも雇用主も個々ばらばらである

ことが少なくなく、親たち自身もまずは自力で自分のエスニック・グループを見つける必要があるという。三浦（2013）によると、日本に移住したフィリピン人の場合、教会の存在がその助けになっている。

　教会を拠点にしたネットワークは、やがて各人のライフステージに応じて細分化し、とくに子育ては新たなネットワーク形成のきっかけとなる。「フィリピン人であり、かつ同じ歳の子どもを持つ母親であるという同質性がネットワーク形成を促し」「子育てという共通の問題に対処する中でそのネットワークはより強固となっていく」（三浦 2013：120）のである。日本人の友だちがいない分、親たちは、子どもの教育に関する相談も、フィリピン人の友だちや、ネットワークを介して知り合った日本人支援者にしているのだという。

　　ネットワークは教育に関する情報収集に役立つ。教会ネットワークは幅広く一般的な情報収集の場として、地域ネットワークは学校生活に関するより具体的な情報、母親が実際の学校生活の中ですべきことを知る場として機能する。日本の学校一般に共通する情報や各学校の評判は、日本人も含めた多くの人が参加する教会ネットワークから得ることが多いが、実際子どもが通っている学校で必要な行事の準備やお弁当作りなどに関する情報は、地域ネットワークから得ており、仲間と協力してその準備を進める。（三浦 2013：122-3）

　国際移住者である母親にとって、日本の教育システムや学校文化は、自分が子どもの時に経験した学校とは全くの異文化となる。すなわち、（日本の）学校は、子どもにとって初めての経験であるだけでなく、親にとっても初めての経験なのである。こうしたケースにおいては、家庭内では伝達しきれない日本の学校文化についての知識を、エスニック・ネットワークを介して情報を得ることで補い合っているのである。

　また、こうしたエスニックなネットワーク利用が、子ども同士のネットワークを形成し、そのことが子どもたちにプラスの効果をもたらすSCとして機能していることも三浦（2013）は指摘する。例えば、年齢が近い子どもたちがともに勉強したり、「母親がフィリピン人である子どもは、日本人が大多数を占

める学校で異質性を持つことになる」（三浦　2013：123）ため、同じ文化背景を持つ友だちを持ったりすることが、子どもたちにとっての居場所を提供しているというのである。また、親同士が知り合いのネットワークのなかに子どもを組み込むことは、コールマン（1988＝2006）も指摘するような、相互監視のシステムとしても機能しているという。

　もちろん、こうした結束型の SC には負の面もあり、ポルテス（1998）が指摘したような、メンバー外の者への非寛容性と、メンバー内の過度の同調性要求が見られることが三浦（2013）によっても指摘されている。例えば母親たちは、同じフィリピン出身者であっても、異なる職業カテゴリー（とくにエンターテーナー業）に就く女性たちに対する排他意識を持っており、また、自分たちが形成している母親ネットワークにおいても、そこに貢献する度合に応じてメンバー内の地位が決まってくるといった状況も見られたという。

　一方、竹下（2007）の研究では、日本国内に住むパキスタン人のムスリム男性と結婚をし、子どもたちもムスリムとして育てる日本人母親たちの海外移住と教育戦略に焦点があてられている。日本人母親たちは、結婚時にイスラム教に改宗しており、その子どもたちもムスリムであることから、日本国内においては文化的にも宗教的にもマイノリティの立場での子育てとなる。竹下（2007）によると、日本国内にはムスリムの子どもたちのための学校がなく、日常生活するなかでさらされる文化的環境としても、日本国内で子どもをムスリムとして育てることの障壁は大きいという。そのため、夫婦のなかには「子どもの『ムスリムとしてのアイデンティティ』形成」（竹下　2007：87）のために、外国人である夫を単身日本に残し、母子のみでイスラム圏に移住することを選択するケースもあるという。その際夫の母国とも異なる第三国（アラブ首長国連邦など）に移住するパターンもあり、竹下（2007）では、パキスタン人の夫を持ち、夫婦にとっては第三国であるアラブ首長国連邦シャルジャに母子で移住した日本人女性が対象とされている。

　母子が夫の母国でもないアラブ首長国連邦に移住できる理由は以下のとおりである。まず、彼女たち日本人女性のパキスタン人夫は日本で中古車輸出業を起業しており、そのビジネスの拠点を置いているのがアラブ首長国連邦である。夫が同国での就労許可とレジデンスビザを持っていれば、母子もビザを取

得しての合法的な移住が可能となる。さらに、そこには夫の兄弟が移住して日本からの車の輸入業を営んでいるため、母子の新生活のスタートは、夫の親族ネットワークを頼ることで容易になっている。これらの基礎にはパキスタン社会の持つ強固な親族の紐帯があるという（竹下 2007：85）。

　ただし、移住先での生活がおちついてくると、女性たちは夫方親族との同居を解消し、母子で住居を借りて住むケースも多いという。すでに本節でも指摘しているように、親族や地域社会が形成する結束型集合財としての SC には負の側面もある。パキスタン人男性と結婚した日本人女性の場合、夫家族との同居は親族の絆が強い分、習慣への同調や、子育てへの干渉など、負の部分も併せ持つ。たとえ母子が第三国に居住していたとしても、同居親族のなかにおいては、異文化出身かつ女性であることの「二重の周辺性」（竹下 2007：88）からは逃れることができないという。

　移住先における夫親族との同居を解消し、母子で独立して居住し始めた日本人女性たちの間では、日本人ムスリマのサポートネットワークが形成されている。彼女たちは「ムスリムの夫をもつ日本人妻であるという共通項で結ばれて」おり、そうした「均質的なネットワークが個人に帰属意識と安心感を与え、アイデンティティの維持の助けになっている」（竹下 2007：86）という。アラブ首長国連邦に移住した日本人女性による相互扶助ネットワークの存在は、三浦（2013）が明らかにした日本社会におけるフィリピン人母親ネットワークとまさしく同じ機能を果たしているのである。

> 　シャルジャにおけるムスリマ・ネットワークは、子どもの学校や医療機関などの情報交換、子どもの教育に関する相談、トラブル発生時の援助など相互扶助の機能を果たしており、これがエンパワーメントに結びついている。妻方親族が近辺にいないため、そこから得られる実用的・情緒的サポートを日本人ムスリマによって補完し合いながら生活している。（竹下 2007：86）

　また、この母親たちのエスニックなネットワークは、子どもたちの居場所の形成にもつながっている。同年代の子どもたちはそこに集まり、日本語で会話

をしながら遊ぶことができ、また同じ環境にある年少者の子どもが、年長者の子どもを新生活でのモデルにすることができるからである（竹下 2007：86）。これもまた、三浦（2013）が指摘した日本におけるフィリピン人母親が形成する結束型集合財としてのSCと同様の機能を果たしている。

　なお、竹下（2007）において言及されるSCは、結束型集合財としてのものだけでなく、後の第5節に紹介するような橋渡し型個人財に分類できるようなSCも一部含まれている。その保有を可能にするのは、夫の仕事が可能にするトランスナショナルなムスリムネットワークと、ムスリム系インターナショナルスクールに通う子どもが享受する英語教育にあるが、この点については、後ほどあらためて紹介したい。

　いずれにせよ、本節で見てきたように、結束型集合財としてのSCに着目した教育的研究は、とりわけ、子どもの教育に関してマイノリティグループの直面してきた経済的、文化的な不利益を是正するための「弱者のエンパワメント」としての「つながり」に焦点をあてる際にその理論的有効性を発揮するといえるだろう。

4．結束型個人財としてのSCに着目した研究

　続く②のタイプ、結束型的個人財としてのSCの事例として、ここでは松岡亮二（2015）と垂見裕子（2015）を取り上げる。前者は「父母の学校活動関与」を、後者は「小学校における親の学校とのかかわり」を「SC」と定義した研究であり、コールマン（1988＝2006）理論にのっとったSCのとらえ方といえる。どちらも数量的分析を行ったものであり、前者は厚生労働省「21世紀出生児縦断調査」の全国パネルデータを、後者は「青年期から成人期への移行についての追跡調査」（JELS）の調査データと、分析されているデータこそ異なるものの、両者のSC概念のとらえ方や、分析結果には類似点が多い。

　まずSCの指標としては、双方ともに「親の学校参加」を用いており、それらが子どもの学校での生活―松岡（2015）は子どもの学校適応、垂見（2015）は子どもの学力―にもたらす影響を考察している。また、子どもの学校生活に対するSC（親の学校関与）の影響と、その他の家庭要因（経済的要因や文化的要

因）からの影響とを比較している点でも共通している。

　松岡（2015）はその論文中でも、「私的財としての社会関係資本と教育指標の関係を精査する」（松岡 2015：242）と述べているように、ここでは個人財としてのSCに焦点があてられている。「父母の学校における社会関係資本」と「子どもの社会関係資本」の2つを想定しているところも特徴であるが、このようにSCを「親の社会関係資本」と「子どもの社会関係資本」を分割する見解は、教育領域特有のSC分析モデルといえよう。こうした分析モデル採用したものとして、国内では志水（2014）の研究が代表的である。

　なお、志水（2014：128）が親のSCの構成要素とした質問項目には、親と①他の家族・親族とのつながり、②学校とのつながり、③地域とのつながり、の3つの異なる次元「つながり」が含まれているが、本稿の分類枠組みを用いて整理しなおすと、このうち③地域とのつながりは、すでに前節で言及した結束型集合財としてのSCがそれにあたる。一方、②学校とのつながりは本稿において結束型個人財と見なしているものに相当する。松岡（2015）でも、親のSCの指標とされている質問項目は、「授業参観、運動会、学芸会等の学校行事に出席している」「PTA、学校ボランティア等の保護者の活動に参加している」という親の学校参加にまつわる行為を尋ねる2項目のみであり、本論において、同論文を結束型個人財としてのSCに着目した研究と分類した理由はそこにある。この点について松岡（2015）も次のようにその研究スタンスを述べている。

　　国内の先行研究は……社会関係資本の指標に家庭や地域の「つながり」も含み……別個に扱われていない……ため、海外で数多く研究されてきた個人水準における親の学校関与と教育指標の関連は未だに明らかにされていない。
　　よって本稿は……親の学校関与で表される学校社会関係資本……が成績などへの影響を示す学校適応との関連を検討する。（松岡 2015：245）

　ここからも、松岡（2015）が個人財としてのSCに着目していることがわかる。なお、ここで「学校適応」と呼ばれているものは、学校で友だちに会うこ

と、学校の勉強、給食、先生に会うこと、学校行事、のそれぞれをどのくらい楽しみにしているかに関する質問が相当しており、志水（2014：128）において、子どものSCの構成要素とされているものの3つ（家族とのつながり、学校とのつながり、地域とのつながり）のうち2つ目に挙げられているものに相当する。なお、志水の分析モデルでは、親の経済資本、文化資本、SCを独立変数に、子どもの学力を従属変数とするパスモデルの媒介変数として、この「子どものSC」が学力を直接規定するものとして挿入されているが、松岡（2015）と垂見（2015）のモデルはもっとシンプルである。両者のモデルは独立変数である親のSCが、経済資本や文化資本とは独立して、どの程度従属変数である子どもの学校でのパフォーマンス（松岡〔2015〕は「学校適応」、垂見〔2015〕は「学力」）に対して規定力を持つかが検討されている。

このように、子どもの学校でのパフォーマンスに対する親のSCに関する研究を取り上げただけでも、どのような項目をどのようなSCと呼び、どのような因果モデルを設定するかはまちまちであることがわかるが、本節では「子どものSC」という概念は用いず、あくまでも「親のSC」と、子どもの学校でのパフォーマンス（学力形成や学校適応）との関係性に着目し、結束型個人財としてのSCの機能に着目した研究を紹介する。

さて、松岡（2015）では、親のSCの指標とされた学校行事・活動に親が参加することを通じて、「父母は教師や他の児童の保護者とつながりを持ち、そのネットワークから得られる資源──子や同級生の学校での状況、学校や教師について──を活用することで、児童の学校適応を促していると考えられる」（松岡 2015：252）ことが報告されている。このことからも、そこで想定されているSCは、橋渡し型というよりは、結束型（学校文化への適応・同調）のものと理解してよいだろう。

一方、垂見（2015）でも、まず同研究が「社会関係が『個人』に及ぼす影響に焦点を絞る」（垂見 2015：130-131）ものであることが明記されている。そこでSC（親の学校との関わり）の指標とされているのは、「学校の先生たちは、子どもの勉強や進路について相談しやすい」「学校の先生たちは、子どもの生活や態度について相談しやすい」「他の保護者と、学校の先生や授業について話す」「学校の行事によく参加する」「学校のPTA活動によく参加する」という

親の意識と学校参加について尋ねた5項目である。垂水 (2015) はこの件について次のように述べている。

> 親の社会関係資本には、親が地域や職場などで持つネットワークに内在する資源もあろうが、本稿の関心が教育政策や学校の取り組みで変えることのできる親の学校との関わりであるため、本稿の分析には含めていない……教員および他の保護者と積極的にコミュニケーションをとり、かつ学校に積極的に参加している親ほど、子どもの教育に有益な信頼関係を構築し、子どもの学習に有効な規範や情報を獲得していると仮定した。(垂見 2015：138)

このことから本稿では、垂見 (2015) が、結束型個人財としての SC に着目しているものとして分類した。なお、松岡 (2015) と異なり、そこでは SC を親の SC と子どもの SC に分割することはしていない。

さて、松岡 (2015) や垂見 (2015) のような数量的研究のメリットは、従属変数に対する SC の効果と、経済資本や文化資本などの家庭背景の効果の大きさを比較できる点にある。理論的にいえばそれは、「Coleman、Bourdieu どちらの理論的視座が当てはまるのかを検証」(垂見 2015：131) するものといえる。杉原名穂子 (2014) も指摘しているように、「コールマンは、SC はエリートや恵まれたもののみならず、貧しいものやマージナルなコミュニティにも利益を与えるものだとみなしていた」のに対し、「不平等の再生産に資本がどのように関係しているか」に関心がある「ブルデューにとって、社会関係資本とはエリートがみずからの特権的な地位を維持再生産するために用いる財である」(杉原 2014：22) と見ていたからである。

この点についての松岡 (2015)、垂見 (2015) 両研究の知見はほぼ一致を見せている。両研究とも、単純な関係性だけを見れば SC（親の学校参加）は子どもの学校適応や学力形成にプラスの効果を持ち、親が学校に関与するほど子どもの学校適応や学力が上昇することが示されている。しかしながら重要なのは、この SC（親の学校参加）自体が、家庭の経済的・文化的な背景の影響を受けていること、そして SC を統制した場合も、経済的・文化的な家庭背景が、子ど

もの学校適応や学力形成に影響していることが明らかにされている点である。香港と日本のデータを比較した垂見（2015）は、日本は香港と異なり、SCを通じた階層格差是正の可能性を指摘したコールマン理論よりも、SCそのもの階層格差性について論じたブルデュー理論のほうがサポートできる結果になっていると指摘する。松岡（2015）もまた、経済的・文化的階層的背景を持つSCを通じた不平等の再生産が起きている傾向が確認できたと述べている。

　以上見てきたように、結束型個人財としてのSCに着目した教育社会学的研究は、コールマン理論をベースに、親の学校参加をSCと定義している点が特徴といえるが、分析結果から得られる知見からは、日本社会においてはこのタイプのSCが「エリートがみずからの特権的な地位を維持再生産するために用いる財」（杉原 2014：22）ととらえたブルデューの理論との整合性がより高いものであることが浮かび上がる。

　もちろん、志水（2014）も、松岡（2015）も、垂見（2015）も、親のSC（親の学校関与）の可変性と、それを生み出す学校や地域からの働きかけの重要性にも言及しており、親の学校への関与を、経済資本や文化資本のように生まれ落ちた家庭に宿命的なものとしてとらえているわけではない。ただし、本論で試みたようにSCを結束型個人財と結束型集合財とに分割するならば、結束型個人財としてのSCは、それ単独では家庭間格差を埋めきれないものである。なぜなら、「親の学校参加」のような結束型個人財としてのSCは、家庭（親の動機や行為）を出発点とする学校への「つながり」であり、その出発点が家庭にある限り、ペアレントクラシー論（Brown 1990, 耳塚 2007など）同様、何もしなければ家庭の経済・文化的資本との相関が高いものだからである。もし家庭間の教育格差を是正するために、SCの働きに期待するとするならば、前節で見てきたような結束型集合財、家庭の「外」に構築された第三者・機関が不可欠なのである。すなわち、前節で紹介した結束型集合財としてのSCが「貧者のエンパワメント」としての可能性を秘めていたのに対し、結束型個人財としてのSCはそれ単独では階層再生産に寄与してしまう危険性を持つものである。

5. 橋渡し型個人財としての SC に着目した研究

　次に取り上げるのは、③橋渡し型個人財としての SC 研究である。その事例として、ここでは主として片岡栄美（2009）と平塚眞樹（2006）を取り上げる。それぞれの研究対象は、子どもに私立小中学校受験をさせた母親たちの教育戦略（片岡 2009）、ポスト近代型能力観に基づいた若者の雇用における SC 依存の増大（平塚 2006）と、一見共通性が見られないが、どちらも、家族の「外」の資源へとつながるネットワークを SC ととらえ、家庭や地域を越えたところに作られるネットワークが、子どもや若者がライフチャンスを広げるために有利に働く、という点に着目していること、またどちらもこのタイプの SC の階層性に着目しているという共通点がある。

　したがって、このグループが着目しているのは、家庭や地域を越えた「社会」に蓄積されたある資源へとつながること（橋渡し型）である。また、それが個人にいかにメリットをもたらすか（個人財）に焦点があてられているため、橋渡し型個人財としての SC に分類した。

　なお、片岡（2009）、平塚（2006）に加え、第3節で紹介した竹下（2007）も、その一部にトランスナショナルな家族移住を可能にする教育戦略といった、橋渡し型個人財としての SC への言及もあるため、それについても本節で紹介する。

(1) 親の教育戦略としての SC 利用

　さて、子どもに私立小中学校受験をさせた母親の教育戦略を研究した片岡（2009）では、「エリート校の人脈＝SC」というブルデュー的な SC 解釈が取り入れられている。ブルデューは「エリート校の同窓グループとか、上流クラブ、貴族などといった集団の資本」を「個人が、代理を通じて動員することができる程度」（Bourdieu 1980＝1986：31）もまた、資本の1つであると論じ、それを SC と呼んでいる。片岡（2009）は、関東圏の母親を対象に行った自身の調査データを分析し、子どもを私立中学校へ通わせている母親たちが、「子どもの将来の人脈を作るために、子どもの行く大学や学校はよく考える必要があ

る」と答える傾向が、公立学校に子どもを通わせている母親たちより有意に高いことを見出し、次のように述べる。

> 私立学校を通じて形成される母親たちの社会的ネットワークは、階層的な同質性を背景として、学校を媒介とした社会関係資本を形成、蓄積するプロセスともなっているのではないだろうか。(片岡 2009：41)

ここで言及されている SC は、まさしくブルデュー流のそれである。同時に同論文では、これらの母親たちがパットナム流の SC である、コミュニティの結束を生み出すような結束型集合財としての SC からは疎遠でもあることも報告されている。私立中学生の母親は、公立中学生の母親より、地域の育児支援への参加意欲や、子どもの地域活動の世話や手伝いや、町内会・自治会・PTA活動への参加度が低く、「地域での公共性の担い手にはなりにくい状況である」(片岡 2009：42)という。すなわち橋渡し型個人財としての SC の獲得は、ときに結束型集合財としての SC の蓄積と相反するものであるということである。

一方、先に紹介したアラブ首長国連邦へと移住した日本人母親たちの教育戦略を研究した竹下(2007)では、すでに見てきた結束型集合財としての SC だけでなく、トランスナショナルなムスリムネットワークが、現地のインターナショナルスクールで子どもが英語能力を獲得することを可能にし、それを元手とする子どものさらなる階層上昇を期待していることについても SC 論の観点から言及されている。

> 日本で中古車輸出業を営むムスリムは、必ずしも日本のみに拠点をおくわけではなく、世界にはりめぐらされたネットワークのなかでも生きており、その仕事の内容も複数の国々にまたがっているケースが少なくない。トランスナショナルなネットワークを社会関係資本として、教育戦略、生活戦略に、より有利に活用できる国に家族形成の過程で移動する可能性が高い。将来どこの国に住むことになっても確実に利用可能な資源として、子どもの社会的上昇を期待して、英語教育に力を注いでいる。(竹下

2007：89)

　片岡（2009）も竹下（2007）も、ともに親の子どものライフチャンスの拡大を目指して、親が橋渡し型個人財としての SC を活用している例である。どちらの研究も、それを通じて、家族や地域内では補えない資源への接近が可能となる側面をとらえている。片岡（2009）の場合それは学校ネットワークであったが、竹下（2007）の場合のそれは、父親が携わるムスリム社会のトランスナショナルなビジネスネットワークだといえる。

(2)　若者の職業選択における SC 利用

　一方、平塚（2006）では、若者の職業選択と橋渡し型 SC の関係が考察されている。グローバリゼーションと急激な労働市場の構造変容が進む日本社会や他の先進諸国では、「能力観の転換」と呼ぶべき状況を迎えており、若者たちの雇用にあたり必要とされるのは、単に蓄積された知識や技能のといったものではなく、「態度、感情、価値観、倫理、動機といった精神的資源をともに内包しつつ、それらを個々の文脈に応じて組み合わせ活用することで、複雑な状況・要請に対応していく、行為のシステム」（平塚 2006：71）へとシフトしてきたという。

　しかし、ポスト近代型能力であるこの行為のシステムの学習には、教育機関で学ぶ座学だけでは不十分であり、行為を引き起こす機会をなるべく多く持つ必要があると平塚（2006）は指摘する。そのためには、個人が社会的活動に積極的に参加することや、家族以外の人々との交流機会をなるべく多く持つこと、すなわち橋渡し型の SC を多く持つことが有利であるが、これら社会活動への参加状況や、家族以外の知人へとつながるネットワークの数に、すでに社会階層間格差が見られていることが諸外国の研究で明らかになっているという。平塚（2006）はイギリスで行われた社会関係資本と社会階層、学校選択との関連性についての研究において、次のような提起がなされていることを紹介している。

　　中流クラスの子どもたちに独占的で顕著な特徴として、社会関係資本を

> 介した進路選択スタイル、すなわち家族・友人を含む知己のグループや彼らから紹介された人たちとの諸関係・情報を、うまく組み合わせ活用して、進路選択・学校選択に至る場合が少なくないことが指摘されている。……また子どもが何らかの危機に陥った時にも、両親がこうした社会関係資本を柔軟に活用できる力量をもっているかどうかも、その後の結果を大きく分けていっているとしている。（平塚 2006：75）

　すなわち橋渡し型個人財のSCは、社会の格差を是正するものでは決してなく、むしろきわめて階層化された資本であると平塚（2006）は警告するのである。例えば近年、日本社会でも人材採用、育成、評価などの領域で「異質性の高い集団で、相互に関わり合い、影響を与え合う」といった、あらかじめ橋渡し型SCを豊富に持っていることが有利となる特性が着目されているが、その動きは、むしろ格差拡大につながりかねないと平塚（2006）は指摘する。
　以上、橋渡し型的個人財という側面のSCに着目したこれらの研究は、SCを家庭や地域社会といった狭い範囲を越えたところに広がるネットワーク的なものとしてとらえ、それが個々人をどう利するかに着目している点で共通している。すでに本稿では、結束型個人財としてのSCがそれ単独では階層格差を是正できないことを指摘したが、本節で紹介した研究からわかるのは、橋渡し型個人財としてのSCもまた、それを獲得できるかどうかという点において階層差が発生している可能性が高いということである。

6．橋渡し型的集合財としてのSCに着目した研究

　最後に紹介するのは④橋渡し型集合財としてのSCである。このタイプのSCに言及されている事例として、ここではトルコ国内に形成されたシリア難民学校が、学校外部に作られたNPO団体の働きによって、多方面からの支援を引き出し、最終的には教育機関としての正当性を確保するまでの流れに焦点があてられてた山本香（2015）を紹介する。
　山本（2015）が考察対象とするのは、トルコ国内においてシリア難民によって設立された難民学校である。その難民学校は、当初は非正規の学校として難

民たちの手で経営されていたものが後に正規の教育機関として誕生したものである。とはいえ、「学校コミュニティの基盤となる家族・地域コミュニティが存在しない場合が多い難民のケースでは、こうした学校コミュニティの基盤となる家族・地域コミュニティが存在しない場合が多い」（山本 2015：132）ため、その誕生までの道のりは簡単なものではなかったことが明らかにされている。なぜなら学校が公的なものとして認められるには、行政および地域コミュニティによる承認（公共性の付与）が不可欠だが、この難民学校のケースでは承認を与える役割を果たす行政や地域コミュニティ自体が不在だったからである。

ただし、トルコが他の難民ホスト国と異なっていたのは、難民支援活動をトルコ当局が行っていたことだった。そのため、国際機関の介入が少なく、難民たちは、その生活福利の獲得と向上を自身の手で行うという土壌があったという。そのようななかで、非正規の難民学校がトルコ各地で100校以上存在していた（山本 2015：134）。もっとも、これら制度や行政主体のバックアップが全くない学校は、公的には何の意味も持たない。そのため「シリア政府からも認可を与えられていない同校においては、長らく中等学校を卒業してもそれ以上の高等教育機関へ進学することができていなかった」（山本 2015：134）のである。

こうした状況が変わったのは、2013年のことであったという。トルコ政府からNPO認定を受けた「シリア教育委員会」が作られ、その結果、トルコ全土のシリア難民学校が統合されると同時に、ユニセフやリビア政府の支援が提供されるようになった。トルコのシリア難民学校にはリビア政府から中等学校卒業資格が授与されるようになり、難民学校の卒業生は大学入学試験受験資格も得た。「これにより学校に通う子どもたちの将来的な選択の幅は大きく広がった」（山本 2015：135）のである。山本（2015）はこの一連の流れについて、次のように解説する。

　　シリア教育委員会のもとで統合されたシリア難民学校とその関係者が、これにより実利を得ることができたのである。これは学校外で築かれたコミュニティの、社会関係資本の源としての典型的な働きである。そしてこのコミュニティは、難民自身が中心となり、難民のために形成されたもの

である点で画期的なものである。(山本 2015：135)

　非正規の難民学校とその周りにできたNPO、難民コミュニティが、正規の学校の設立に成功したこのケースは、橋渡し型集合財としてのSCが生み出され、また活用された事例といえるだろう。なぜなら、いったんその学校が公的なものと見なされれば、難民の子どもたちには中等学校卒の学歴が付与されることになるからであり（集合財）、その正当性の承認を、難民コミュニティ内に形成されたNPO団体「シリア教育委員会」が橋渡しとなり、コミュニティ外部のトルコ政府、リビア政府、ユニセフ等から引き出したものだからである。
　またこの学校は、基本的には子どもたちから学費を徴収していない。その運営資金はフェイスブックなど、地域コミュニティを越えて人々をつなげることのできる大規模SNSを通じて集めているという（山本 2015：134-5）。すなわち、設立後の学校経営においても、インターネットやSNSという、橋渡し型SCが活用されているのである。そしてまたSNSを通じて広がる支援者は、学校の正当性を多方面から支えるものともなっている。
　なお、このシリア難民学校に関連しては、橋渡し型集合財としてのSC以外のSCの存在も確認できる。例えば学校を中心とするコミュニティは、自分たちのシリア人アイデンティティを強固なものとするものであり、それ自身が結束型集合財としての働きを持つ。しかしながらこの難民学校が、他のマイノリティ向けの学校と大きく異なるのは、国を追われた者たちにとって、自分たちの学校を公的なものとして認めさせるには、まずもって自らの属するコミュニティ外部からの承認を勝ち取らなければならなかったという点である。そのために第1に不可欠だったのが、コミュニティ外部と自分たちとをつなぐ橋渡し型集合財としてのSCをつくり上げることだったのである。
　以上、本節では、橋渡し型集合財としてのSCの活用に焦点があてられている研究を紹介した。橋渡し型集合財としてのSCは再び、それがうまく醸成できれば、社会のなかで取り残されたマイノリティのエンパワメントとしての働きを持つものである。

7. SC 研究第 2 の混乱——既視感

　以上見てきたように、一言で「SC 研究」といっても、そのテーマには多彩であり、またそれぞれで定義される SC の概念は一枚岩ではない。しかし、あえてこれらの研究の共通点を挙げるとするならば、SC 研究とは広く「つながり」というものを資源としてとらえた研究であるといえる。そしてこの「つながり」に格差是正の可能性が期待されるところが、近年の SC 研究ブームをもたらしているのである。

　ただし、SC 研究が「つながり」の研究であることは、別の混乱も生じさせている。なぜなら「つながり」を対象にしてきた研究は、これまで社会学のなかにも多数あったわけであり、教育現象を対象とした研究のなかでもそれは例外ではないからである。SC 研究の既視感については、すでに前章でも指摘されていることであるが、教育を対象とする研究においても全く同じところがある。

　例えばコールマン（1988＝2006）は子どもの学力形成に重要な「つながり」として、親の学校行事への参加や、親子間の関係性が密であることに言及しているが、これらは近年では「親の教育熱心度」の指標とされてきたものと類似性が高いものである。代表的なものには A. ラリュー（2003）があり、そこではミドルクラスの母親が学校行事に熱心に参加し、子どもになるべく関与する「文化」を形成していることの重要性が指摘されている。ところが、ラリューの研究においてそれは「家庭の文化」としてとらえられており、いわゆる「文化資本」の範疇に含まれる。ラリュー（2003）自身はそこに SC の概念を用いてはいないのである。

　また、ポスト近代社会において「親の富と願望」が子どもの教育選択に重要な時代となったことを、「ペアレントクラシー」の概念を用いて論じているイギリスの教育社会学者 P. ブラウン（1990）も、そこで「親の願望」を、SC とは呼んでいない。ラリューとブラウンの議論は類似性が高く、日本国内でも両者の議論を紹介している本田由紀（2008）や耳塚寛明（2007）による紹介が有名だが、これら国内の研究においても「親の教育熱心度」は SC の範疇として

はとらえられていない。

　では、はたして「親の熱心な教育的働きかけ」を、SCの概念でとらえてよいのだろうか。それともそれは「家庭の文化」であり、文化資本というべきなのだろうか。SC概念の有効性はわかるにせよ、既存の研究の流れのなかに戻してみると、こうした疑問や混乱がわき上がってくることも、SC研究のもう1つの側面である。

　また別の事例として、例えばブルデューのSCがいうところのクラブ財的な「学校人脈」は、日本の教育社会学がその創立初期のころから研究を重ねてきた「学閥研究」そのものともいえる。こうした学校ネットワークを「社会関係資本」の用語を初めて用いたのは、ブルデュー理論を応用した黄順姫（1998）による『日本のエリート高校』であった[2]。このように、振り返ると、「パットナム・インパクト」を日本の研究者が受けるずっと以前から、すでに日本では各種のSC研究と類似した研究蓄積があったともいえるのである。

8．SCは教育の格差に立ち向かえるか

　とはいえ、今日の多様な教育とSC研究のなかには、前節で述べたような既視感とは無縁の、新しい可能性も含まれている。ここでもう一度、本稿の整理を振り返り、SC研究の有効性がどこにあるかを探ってみたい。

　本稿では、教育とSCに関する社会学的研究における議論を整理するために、既存の研究を①結束型集合財、②結束型個人財、③橋渡し型個人財、④橋渡し型集合財の4つのタイプに分類し、その知見を紹介した。まず、結束型集合財としてのSCに着目した研究は、マイノリティの子どもたちの教育支援やアイデンティティ保全のための親や地域の大人たちの結束を研究テーマとしているという共通性がみられた。SCの負の効果もあるにせよ、そこではSCの醸成が、社会のなかで不利益を被ってきた子どもたちのエンパワメントになることが明らかにされていた。

　次に、結束型個人財としてのSCに着目した研究では、親の学校参加が子どもの学力形成や学校適応に与える影響に着目されていた。親の学校への関与が高まるほど、子どもの学力や学校適応には高い効果が見られることが明らかに

なったが、同時に親の学校参加そのものに階層的要因が影響することも指摘されており、親のSCの恩恵の受けやすさ自体に階層格差がある可能性が指摘されていた。

第3の橋渡し型個人財としてのSCに着目した研究は、親の教育戦略や若者の進路選択など、子どものライフチャンス拡大にネットワークとしてのSCがどのように影響しているかに着目するものであった。ただし、橋渡し型個人財としてのSCもまた、人々の間に不均等に分配されていることが考えられ、階層格差の再生産につながっていることが示唆されている。

最後の橋渡し型集合財としてのSCに着目した研究は、難民の学校設立のように、既存のフォーマルな制度から零れ落ちていた人々を、メインストリームに取り込む際に、橋渡し型のSCが有効であることを明らかにしたものであった。

以上見てきたように、一言で教育とSC研究といっても、その研究がSCの結束型集合財、結束型個人財、橋渡し型個人財、橋渡し型集合財のうちのどの側面に着目したかに応じて、SCの概念を導入することが有効なテーマは異なってくる。また、社会の格差とSCとの関連性の点においていえば、集合的財的SCを扱った研究は、それが活用されれば格差を是正することができるというスタンスであるが、反対に個人財的SCを扱った研究では、SCの背景に階層差が潜んでいることが指摘されることが多い。

総合すると、個人財としてのSCは、結束型にせよ橋渡し型にせよ、その資源の獲得可能性にあらかじめ家庭間格差があることがわかる。また、これら個人財としてのSC研究の一部は、ペアレントクラシーや学閥などの概念を用いて、SC概念を用いず行われてきた研究との類似性も見られる。

一方、社会の再生産を打破するための「貧者のエンパワメント」としての可能性を指摘しているのが集合財としてのSCである。また、結束型集合財にせよ、橋渡し型集合財にせよ、他の概念を用いた既存の研究との重複感は比較的少ない。すなわち「SCは格差の是正に有効か」という問いは、現状の多義的な定義のままで答えようとすれば混乱に陥るが、集合財としてのSCに限定していえば、それは格差の是正をもたらす可能性を持つ、新しい概念といえそうである。

結論からいえばSCは、経済資本や文化資本などの他の資本と同様、初期値においては、家庭間の格差を如実に反映して家庭内部にも一定数ストックされているものといえるだろう。ただし同時にいえることは、それを集合的な財として家庭の外部の社会で醸成することもできるということである。そして社会で作り上げられた集合的なSCは、初期に存在していた個々の家庭だけでは埋めることのできない家庭間の格差を是正するものにもなる。

　人々がSC研究に魅力を感じるとしたら、おそらくここにあるといえるだろう。ただし、結束型SCにせよ、橋渡し型SCにせよ、それが個人財にとどまる限りにおいては、家庭間格差の再生産が生じやすい。とするならば、重要なのは集合財としてのSCをどのように醸成し、それをいかに公正に分配できるかという点にあるのではないだろうか。

1）　本稿第3〜6節で紹介した4つのSC研究タイプの事例として紹介する論文は、本稿冒頭で行ったcinii検索の結果から抽出されたものである。紹介する論文の選定にあたっては次の通り行った。まず、リストに上がった研究のなかから①日本学術会議「学会名鑑」に登録されている全国レベルの学術団体が発行する学会誌に掲載された論文のみに絞り、次に②その内容が「教育研究」の範疇に入ると判断できるものを抽出したところ、該当する論文は38本に限られた。さらに著者が論文の内容を確認し、その中から③「社会学的なパースペクティヴのっとったもの」と判断した9本をピックアップした。
2）　ただし、『日本のエリート高校』以前の黄の研究では、同著で「社会関係資本」と呼称している概念については「社会的資本」の語を用いて議論しており、冒頭に紹介したcinii簡易検索では検索結果に上がってこなかった。

第3章　家族とソーシャル・キャピタル

石川　由香里

1. 家族とソーシャル・キャピタルをめぐる論理構成

　この章では、家族とソーシャル・キャピタル（SC）についての先行研究を取り上げる。家族とは、血縁あるいは法的関係のある人々の集まりであり、扶養や協同の責任・義務は第一義的にその人々の間に生じると考えられている。しかし近代化の過程で家族規模が縮小するにつれ、それまで家族が果たしてきた機能は次々と外部化されていった。T. パーソンズが近代家族に残された機能と規定した子どもの社会化と成人のパーソナリティの安定すらも（Parsons 1956＝1981）、家族内で完結することは不可能となっている。その結果、縮小していく家族機能をサポートする必要性についての議論が展開されることとなり、SC にも注目が集まるようになった。

　とはいうものの家族社会学の分野において SC 概念が使用される機会は少なく、伝統的にネットワーク研究として進展してきた。そこで、まずはその流れについて紹介する。それに対し社会福祉の分野では、とくに近年 SC 概念が多用されるようになってきた。それは、少子高齢化社会における子育てと介護を支えるために家族外の資源が不可欠となっているなかで、福祉を支える思想の根幹に互酬性の規範が含まれていることと不可分といえる。

(1) 家族、コミュニティ、ネットワーク

　「家族とネットワーク」についての古典的研究に位置づけられているのが、E. ボットの著作である（Bott 1955＝2006）。ボットは、夫婦それぞれのネットワークが夫婦間の役割分業意識に影響をもたらすことに着目し、ロンドンに住

む20組の家族への調査からそのバリエーションを描き出した。ネットワークのあり方は結合したネットワークと分散的ネットワークと大きく2つに区分される。結合したネットワークに結び付くのは分離的な夫婦役割関係であり、分散したネットワークと結び付くのは合同的な夫婦関係である。結合したネットワークはコミュニティ内で閉じられる傾向にあり、分離したネットワークはコミュニティの外に広がっていく。ボットは人々が頻繁に移動し、都市化が進展するほど、また女性の就労が進むほど分離的ネットワークが形成され、夫婦の関係は平等になると見なしていた。

一方、コミュニティの観点から個人のネットワークに着目したのが、B. ウェルマンである（Wellman 1979＝2006）。ウェルマンはトロントのイースト・ヨークに住む成人845人の「親密な」ネットワークについての調査から、それが親族と非親族の双方を含む、非地域的なネットワークであり、非対称的な紐帯を含む、まばらな密度のネットワークであるとした。そしてほとんどの援助は、親密なネットワークから入手可能であるが、ネットワークの一部の紐帯のみがそれを提供しており、コミュニティ存続論の一部を支持しているものの、全体的には解放論を支持する結果になったとしている。このウェルマンの研究は、コミュニティの範囲を地域に限定されないとした点に特徴がある。

日本では野沢慎司が、規範的連帯性を伴うネットワークの存在を、地方都市においては地域的親族ネットワークに、首都圏郊外都市においては職場ネットワークと近隣ネットワークに見出し、近年の日本のコミュニティ解放は、まず家規範を伴う地縁・血縁の磁場からの解放であり、移動型社会への移行過程の進展は世帯外の磁場からの自律的な夫婦関係が出現する余地を拡大したが、それは意識的に世帯内に磁場を作り上げるという困難な課題を個々の夫婦に突き付ける状況をもたらしていると結論づけた（野沢 2009）。

以上のように「家族とネットワーク」研究の特徴は、夫婦それぞれに個別のネットワークが存在することに着目した点にある。それは家族社会学におけるパラダイムシフトと連動している。1970年代までの理論では、核家族を唯一の家族定義とする議論が中心を占めていた。ところが家族メンバーが個人として家族以外の生活領域への関わりを強めていく「家族の個人化」現象が指摘されるようになり（目黒 1987）、とくに既婚女性の就労の増加は、女性が家族内役

割に限定されない活動領域を持つことを自明化させ、家族が集団であることを前提とする「集団的パラダイム」に代わり、「個人ネットワーク」としてとらえる視点の有効性が主張されるようになったのである（落合 1998）。

(2) 家族サポートを生み出すものとしての SC への注目

そもそも「家」制度に見られる三世代同居の家族モデルでは、子どもの育ちには複数の人間が関わっていたとされる。それが性別役割分業を前提とする核家族モデルへと移行したことによって、子育ては母親1人の手に委ねられ、育児のサポート不足から育児不安が引き起こされた（牧野 1982）。さらに20世紀後半以降のシングルペアレントの増加は、育児に際してのリソースの欠如を露呈させた。また高齢者の介護や病人の介護も、家族では負いきれなくなり、専門機関に大きくゆだねられていった機能といえる。つまるところ、家族と SC の関係性はその欠如により初めて社会問題化されたといえるだろう[1]。

ただネットワークやサポートについてはそれぞれ、社会的ネットワーク論、ソーシャル・サポート論の枠組みとしての研究蓄積がすでに存在する。そこに SC の概念を導入することで、新たに何がもたらされるのだろうか。稲葉昭英はソーシャル・サポートとケア、SC の異動を整理し、サポートのかなりの部分はケアに置き換えることができること、SC の分析単位を個人とした場合であれば、健康や心理状態と SC の関連に限定することで、その差異はほとんどなくなると説明する。一方、SC の分析単位を集合体とした場合には、ソーシャル・サポートの意味するコミュニティは地域に限定されないものであるのに対し、SC は地域コミュニティに関心がある点において違いが生じるとする。しかし SC の射程における従属変数の範囲が広すぎるため、結局は個別の中範囲の領域で従属変数を確定する必要があり、健康、メンタルヘルスといった限定された領域におけるソーシャル・サポートとの親近性が再び出てくるのだと説明する（稲葉 2007）。

一方アルバレスらは、SC には社会的影響ないし社会的統制のメカニズム、社会的サポートの交換、社会参加という3つのメカニズムが存在することを指摘している（Alvarez et al. 2017）。例えばコールマンの著作において検討されているメカニズムは、社会的統制メカニズムである。その理論枠組みは社会的凝

集性アプローチとなり、カトリックの地域のほうがドロップアウトする確率が低いとするコールマンの知見も、信仰の共有による社会的凝集性の高さを問題にしたものと考えることが可能である[2]。したがって家族研究にSCの概念を導入する意義は、ネットワークやサポートを導き出す規範の存在をクローズアップさせる点にも見出せる。

ただし家族のなかの誰を中心に据え、どの機能を主題とするかによって、アプローチ法は異なる。子育てについても、支援を問題にする際にとられるアプローチはネットワーク・アプローチとなるが、そのときに支援の対象となっているのは子ども自身よりむしろ母親であり、子どもへの利益は母親が安定を得ることによる間接的なものととらえられている。その点に社会的凝集性アプローチとの大きな違いがある。

他方、高齢者や障害者についての研究では、社会的凝集性アプローチよりもネットワークないしサポート構造型アプローチがとられる傾向が強い。それは家族内では供給しきれないものを外部から調達することに解決の道筋を見出すためである。ソーシャル・サポート研究は、もともと精神障害の発生に関する生態学的研究から始まっている。J.カッセルは、対人関係に恵まれていることが有害なライフイベントの影響を緩和し、良好なメンタルヘルスの維持を可能にするとして、ソーシャル・サポート概念を提唱した（Cassel 1974）。井上智代らは1983〜2012年の間に発表されたSCと健康について文献調査を行った結果、2003年を端緒に2009年以降論文数が増加し、SCと健康指標との関連性を測定した36件のうち、正の相関が見られたものは34件あったという（井上他 2013）。

この章では社会的サポートのメカニズムを中心に、テーマの1つを親に対する子育てSCに設定し、もう1つのテーマを介護・介護する／される家族それぞれとSCの関係に設定するがその前に、昨今の日本の家族がいかに変化し、家族内だけでは様々な面で自給することが困難になったのか、確認しておきたい。

2．日本の家族の変化

(1) 家族形態の変化

　明治民法下では男系直系による3世代同居が基本的家族形態とされていた。都市部には核家族も存在したものの、農業中心の産業構造のもとでは一部にとどまった。それが戦後の産業の高度化により都市部への人口移動と核家族化が広がった結果、世帯構成は図3-1のような変化を示すこととなった。ただし核家族化によって、親と未婚の子どもからなる定義通りの核家族が大部を占めるようになったとはいえ、時代が下るにしたがい大きな割合を占めていったのは、単身世帯および夫婦2人世帯であった。その夫婦2人世帯も今日では子育てを終えた後の高齢者世帯が大きな割合を占めている。

　単身世帯の増加が顕著な層の1つは若者世代である。生涯未婚率は男性20%、女性10%に上っていることから、未婚単身世帯は今後も増加すると考え

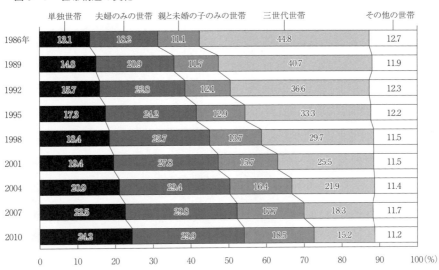

図3-1　世帯構造の変化

注：1) 1995年の数値は、兵庫県を除いたものである。
　　2)「親と未婚の子のみの世帯」とは、「夫婦と未婚の子のみの世帯」「1人親と未婚の子のみの世帯」をいう。
出典：「平成26（2014）年グラフで見る世帯の状況　国民生活基礎調査（平成25年）の結果から」6頁。

られる。もう1つの層は高齢者で、今後とくに女性の単身高齢者の増加が予測されるが、それは単身高齢女性に非常に高い確率で見られる貧困率への対応という課題を伴う。また高齢単身世帯であることは必然的に介護の担い手が家族内には存在しないことを意味し、また夫婦2人世帯家族内においても老老介護の状況が広がっており、団塊の世代がすべて後期高齢者となる2025年問題を前に、介護の担い手の不足は大きな社会的課題となっている。

(2) 就労既婚女性の増加と家族

　介護の担い手不足の背景の1つには、女性就労率の増加が挙げられる。1980年代以降、専業主婦世帯よりも共働き世帯が多くなり、2015（平成27）年度時点では前者687万世帯に対し後者が1,114万世帯となっている（図3-2）。既婚女性の就労形態の中心はパートタイムであるが、経済不況と労働力不足の今日においてはとくに、そのことによる経済的損失を嘆く声は大きい。就労継続のためには保育所の充実が不可欠であり、政府は待機児童ゼロ作戦を打ち出しているが、解決までの道のりは遠い現状にある。

　ただし女性が出産・育児に際し就労を一時中断する理由は、保育所不足のためだけとはいえない。性別職域構造にあっては、就労継続意欲につながるような職業についている女性の割合は多いといえず、仕事よりも価値あるものとして子育てが選ばれる傾向がある。実際のところ、「子どもが小さなうちは母親が育てるべき」とする3歳児神話の支持はいまだに強い。2013年に行われた第5回全国家庭動向調査によれば、3歳児神話への賛成率は77.5％であり、1993年の第1回の89.1％よりは低いとはいうものの相変わらず多数派を占める。むしろ「自分たちのことを多少犠牲にしても子どものことを優先する」という子ども中心主義は、第1回の72.8％から第5回では86.9％へと15ポイント近く増加していることが目を引く。3歳児神話と母親の就労形態の関係は専業主婦の支持率が84.9％であるのに対し、フルタイム就労では59.6％と、3歳児神話を信じるがゆえの合理的な選択が、子どもの幼少期における女性の職場撤退に結び付いていることがわかる。

　同時に顕著なのが、平均初婚年齢の上昇とそれに伴う第一子出産年齢の上昇である。2016年度人口動態統計調査によれば、2015年の平均初婚年齢は男性が

図3-2　共働き世帯と専業主婦世帯の割合

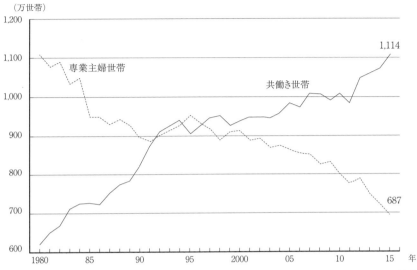

出典：独立行政法人労働政策研究・研修機構 http://www.jil.go.jp/kokunai/statistics/timeseries/html/g0212.html#honbun

31.1歳、女性が29.4歳となっており、2001年と比較すると、ともに2歳程度上昇している。平均初産年齢は30.7歳であり、1950年との比較では7歳以上の差がある。女性がキャリアを築くためには、一定以上の勤続年数が必要である。就労継続意欲のある女性たちはタイミングを見計らっているうちに結婚・妊娠の時期が遅くなり、さらに退職までの生活設計を考えた場合の教育費負担が大きいことから、やはり子どもの数を制限することにもつながっていく。つまり女性が産みやすい、また子どもを育てやすい社会となっていないことが、今日の少子化の原因である。

(3) **困窮する家族**

　そうしたなか、もう1つの社会問題として指摘されているのが、格差の拡大である。図3-3に明らかなように、貧困率には世帯構造による明らかな違いが存在する。

　図3-3から母子世帯と高齢単身女性世帯に貧困率が高いことは明白であ

図3-3　年代別・世帯類型別相対的貧困率

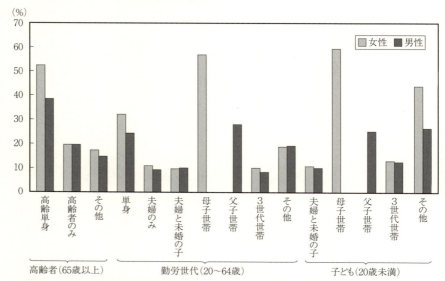

備考：1）厚生労働省「国民生活基礎調査」（平成19〔2007〕年）をもとに内閣府男女共同参画局「生活困難を抱える男女に関する検討会」阿部彩委員の特別集計より作成。
　　　2）父子世帯は客体が少ないため、数値の使用には注意を要する。
　　　3）母子世帯、父子世帯の子ども（20歳未満）は男女別ではなく、男女合計値。
　　　4）高齢者のみの世帯は、単身高齢者世帯を除く高齢者のみで構成される世帯。
出典：平成22（2010）年度版『男女共同参画白書』

る。2011（平成23）年度の調査によれば日本の母子世帯率は約6.8％と、25年間で1.5倍に増加している（厚生労働省「平成23年度全国母子世帯等調査」）。こうした経済資本に恵まれない層に対しては所得再配分などによる経済的支援以外にも、公的支援を含め様々なSCが必要とされている。

　日本の母子世帯就労率は、他の国と比べてまれに見るほどに高い。したがって母子世帯の母親たちは、仕事と家庭の両立についての葛藤、つまりワーク・ファミリー・コンフリクト（WFC）の問題を抱える。日本よりも離婚率が高く、貧困の女性化現象が如実に現れているアメリカにおいてもWFCは低所得の母子世帯において深刻である。ランバートは、SCはWFCを減らす効果を持ち、それはとくに低所得層で顕著に現れる。どちらかといえば小さくてインフォーマルなフレキシビリティが、低所得の女性がとくに子どもの世話を手配するうえで有効であることを示唆している（Lambert 1999）。しかし一方で、社

会的サポート自体は就業上の地位に影響を与えず、WFC のレベルの高い母親たちは雇われにくいという調査結果が報告されている（Ciabatta 2005）。WFC は彼女らを労働力から疎外し続けると同時に、安定した就労を望む女性たちに対しそれをより困難にするものとなっている。育児と仕事の両立における葛藤は第4章での中心テーマだが、それに先立つ本章の次節では、育児期の家族を対象とする SC に関連する研究を紹介していく。

3．育児と SC

(1) 育児不安の軽減と SC

　産業化に伴う農村から都市への人口移動は、親族との疎遠化と地域社会の崩壊とを引き起こした。その状況下で育児を行うことが大きな負担として認識されるようになった結果、1980年代の後半から親族との距離をめぐる育児ネットワークの研究が盛んに行われるようになった。例えば落合恵美子は、兵庫県の都市部と群部を調査し、祖父母との距離が遠いほど育児をめぐる近所付き合いが盛んになるとして、親族ネットワークと地域ネットワークには代替性があるという結果を示している（落合 1989)[3]。

　しかし親族ネットワークの強さは子育てに常にプラスに働くわけではないとの調査結果も存在する。育児ネットワークと育児不安との関係を調査した松田茂樹は、世帯外の育児ネットワークの規模が大きく、親族ネットワークの密度が中程度であるときに育児不安が低く、密度が低すぎる場合、あるいは高すぎる場合にも育児不安は高いとした（松田 2001）。さらに前田尚子（2004）は育児期女性を対象としてパーソナル・ネットワークの構成と家族意識との関連を検討し、ネットワークの密度はサポートの利用可能性を増加させ、とくに信仰は育児不安を低下させることを明らかにしている。ただしネットワークの構成はサポートの利用可能性に影響を及ぼし、子どもを通じた関係は育児に関する相互援助が中心となりがちなため、親自身の欲求充足に関しては十分とはいえず、また、子ども中心型のネットワークからもたらされるストレーンは相対的に大きいと述べる。

(2) SCとしての子育て支援

　以上のように、育児をめぐるサポートの必要性は、育児不安の軽減をテーマに論じられてきた。そこに拍車をかけたのが、少子化であった。1980年代後半から顕著となってきていた少子化を象徴する出来事が、1990年の1.57ショックだったといえる。そこから少子化対策として子育てに対する社会的サポートの必要性が政策課題となり、行政主導の「育児の社会化」が進められていった。平成15年の児童福祉法改定を機に、就労する母親を持つ「保育に欠ける子」に対する養育の場とされていた従来の保育所の事業内容には、新たに地域子育て支援事業が追加された[4]。さらに専業主婦に向けて新たに子育て支援センター、ファミリー・サポート・センターといった公的支援が立ち上げられた[5]。これらの取り組みは今日、地域子育て支援事業として13の個別事業に分けられている（内閣府 2015）。

　大豆生田啓友は子育て支援を「子育てという営みあるいは養育機能に対して、私的・社会的・公的機能が支援的にかかわることにより、安心して子どもを産み育てる環境をつくるとともに、子どものすこやかな育ちを促すことを目的とした営み」（大豆生田 2006：43-44）と定義する。そして子育て支援策は子育てSCを地域に増やすことを目的に進められている。行政はコスト減を地域に期待しており、例えば子育て支援センターの業務の1つに育児サークルへの援助が入っていることはその現れといえよう。そこでは自発的に集まった当事者たちが保育士という専門家の援助を経て、自立した組織運営に移行することが目標とされている。つまり子育て経験者の「私もお世話になったから」「次は誰かのお役に立ちたい」「ほかの人たちと手を携えてやっていきたい」という、互酬性の規範の醸成に基づくSCの蓄積をねらっている。子育て支援施策は「育児の社会化」という理念を含み込むことによって、子育て力を地域のSCとする視点を持ち込んだと見ることができる。

　実証研究としては、例えば金子勇はSCをコミュニティ資源と見なし、子育て支援に転化する地域力の測定を行っている（金子 2009）。また渡邊大介は、東京49市区のデータを分析した結果、配偶者による情緒的サポートだけでなく、自治体における専門家による情緒的サポートや各種子育て施策もまた、ストレス低減に有益であり、専門的、経験的知見を持つ家庭外の主体によるサ

ポートの拡充が必要であると述べる（渡辺 2014）。

　ただし子育ての社会化を、地域社会全体で子育てに取り組む意識と定義した山口のり子らは、「付き合い・交流」と子育て社会化意識とは関連しているものの、地域に対する評価の影響は認められないという結果を得ている（山口他 2013）。さらに松木洋人は、「育児の社会化」の一部をなし、支援の論理を前提に成立している子育て支援の提供そのものが、子育ての責任を家族に帰属する子育て私事論、抑制の論理の参照を通じて実践、経験されている（松木 2013）。つまりは子育て支援を通じて互酬性の規範が醸成されていくことは自明とはいえない現状にある。育児サークルについても、子どもが学童期に入れば当然離脱していくメンバーが現れる。その際に培われた知識、人脈などの蓄積された子育てSCが次の代へとうまく引き継がれるかという点に、大きな課題を抱えている。

(3) 子育てSCからの疎外

　松田茂樹（2010）は、首都圏と愛知県を比較した調査の分析結果から、両地域に共通して世話ネットワークの全くないものがおよそ10〜15％存在すること、親族は世話ネットワークにも相談ネットワークにもなりやすいのに対し、非親族は相談ネットワークにはなりやすいが、世話ネットワークにはとくに子どもが小さいうちはなりにくいこと、さらに相対的に首都圏は非親族に頼ることが多く、愛知県は親族に頼ることが多いことを明らかにした[6]。そのうえで育児ネットワークを多く持つことができるか否かを左右する4つの要因に、子どもの年齢、地域、母親の年齢、家庭の階層という4つが見出されることを指摘している。

　家庭の階層とSCとの関わりについては、社会構造と結び付けたより大きな観点からの指摘が欧米の研究でなされている。L.ソングは、既婚であること、男性であることはSCの質に対しポジティブに働くのに対し、未婚であること、とくに母子世帯であることはネガティブに働いており、婚姻状況とジェンダーとが結び付いてSCの質に差をもたらしていることを示した（Song 2012）。未婚であることは子育てをするうえで質の高いSCに触れることから遠ざけてしまう。そして子育てに対する伝統的な性別分業の責任が、女性を低い

質の資源と結ばれたネットワークに押し込み、その間に男性はより豊かな資産に組み入れられ、社会移動と地位保全におけるジェンダー階層性が保たれると説明する。女性が育児に従事することにより、実は本人の SC 形成という点ならびに階層的地位の点においてジェンダー不平等が生じているというこの問題については、最後の節であらためて議論していきたい。

4．介護と SC

(1) 家族と介護

　育児と並んで家族に期待されてきたケア機能が介護である。介護は育児より早く社会化が進んだ。その下地は1963年の老人福祉法において福祉の対象が「すべての高齢者」に設定されたことにより作られた。さらに1997年に成立した介護保険法によって2000年に介護保険制度がスタートしたことの持つ意味は大きい。ただし実際には施設は明らかに不足しており、介護の社会化も不十分なまま今日も家族に大きく依存する。2013（平成25）年度国民生活基礎調査によれば、家庭内での主な介護者の性別は女性が67.8％を占め（厚生労働省 2013）、家族内での担い手が女性に偏っている点も育児と全く同じ構図にある。

　ただし上野千鶴子は、家族介護は歴史的に見れば社会現象として新しいことを指摘する（上野 2011）。また家族介護者としての女性の役割は依然多いものの、徐々に男性割合とくに夫による妻の介護が増えつつある。これは世帯構造の変化と関連がある。親族との同居から別居に移行するにつれて育児の担い手が専業主婦化していったように、子世代との別居は、高齢者による高齢者の介護を余儀なくさせる。

　春日キスヨは、今日の家族介護は、①高度化した介護水準、②高密度な介護関係、③長期間の介護生活の要因のためにかつてないほどにストレスフルで負担の大きいものになっていることを指摘している（春日 1997：91-93）。介護が育児よりも社会化されたのは、育児以上に介護におけるとくに身体的負担に実質的に耐えられないことにあったといえる。それでも最後は在宅で、できれば介護は家族によるものが望ましいという規範は根強い。それに対し上野は、家族による介護は自明でも自然でもかつ望ましいわけでもないとし、福祉多元性

社会にその代替選択肢を求める。

　青山泰子もまた、家族の介護力の低下が明らかである現在では、高齢者に対するケアを地域社会で支援する方向として介護の社会化を促進する必然性について着目する（青山 1999）。そしてコミュニティにおけるケアのパートナーシップを住民相互の互酬的関係として概念規定し、デイサービス利用者を通じて、ケアを具体的なサービス内容、信頼を利用者に対する精神的ケアの側面に深く関係する「対等な関係」としての相互作用、互酬性を提供者側の得る満足感、具体的には提供者側のやりがいと利用者側の生きがいとなるような感情的ケアの側面としてとらえ、ケア、信頼、互酬性をパートナーシップの概念として指標化している。

(2)　介護の社会化

　福祉多元社会とは、(1)官セクター（国家）、(2)民セクター（市場）、(3)協セクター（市民社会）、(4)私セクター（家族）の４つの領域に分けられる（上野 2011：218-219）。そして上野は「(1)私セクターにおける選択の自由に加えて、(2)ケアの社会化については市場オプションを避けることが望ましく、(3)ケア費用については国家が、(4)ケア労働については協セクターへの分配が、福祉多元社会の『最適混合』についての現時点での最適解である」（同書：217）と述べる。

　「依存の私事化」から解放されるためには、新たな親密圏が必要となる。そこで家族、市場、国家以外の第４セクターとしての市民社会セクター"協"領域としてNPO、地域社会、民間企業に期待が寄せられ、そこにSCという視点の採用の有効性があるのだと中村由香も指摘する（中村 2012）。

　こうした考え方は、2017年に施行が開始された地域包括ケアシステムとも軌を一にする。地域包括ケアシステムとは、地域住民が要介護状態になっても、必要なサービスを必要な分だけ受けられ、地域に住み続けることができるよう、保険、医療、在宅福祉サービスを一体的、体系的に提供する仕組みとされる。介護の費用負担は①自費による市場サービスの購入も含めた自助、②地域の住民やボランティアに支えられた互助、③介護保険制度などの仕組みによる共助、④税による負担である公助の４つを柱に置く。実際のところは2025年問題を前にしてますます増大が予測される社会保障費の伸びを抑えるため、自助と

並んで公助を地域社会に期待したシステムなのである。
　しかし猪飼周平は、介護の期待を地域社会に期待し過ぎることは、家族に育児・介護の負担を背負わせることによって深刻な少子化を招いたのと同種の経験をもう一度繰り返す恐れがあることを指摘している（猪飼 2011）。それを切り抜けるための3つのハードルとして、①地域社会からの支援の調達で、行政が業務を地域住民に担わせることで財政難を乗り切ろうとするのではなく、地域住民同士の関係を強化するためにヘルスケアを利用すること、②柔軟性の高い支援主体間の連携の構築、③技術革新の必要性を上げること、を挙げている。猪飼は、地域包括ケアシステムは高齢社会を乗りきるためにあるのではなく、生活モデルそれ自体をあくまですべての生活局面に活用すべきだと主張する。
　また稲葉昭英が指摘するように中範囲を設定しなければ、現実の介護ケアのシステムは構築できない（稲葉 2007）。そのうえでそこに生きる人々をいかにつなげることができるのか、そのモデル作りに SC 概念は寄与すると考えらえる。例えば埴淵知哉らは健康な街の条件を探るべく愛知県内のある街を調査し、SC が豊かで水平的組織への参加度が高く、地域の互酬性が見られる地域においては、健康に対してリスク的な行動をとらない傾向にあり、SC は個人レベルで健康行動とも有意な関連を見せていたとする（埴淵他 2010）。そしてその理由を、同時期の転入者意識、生活環境の共有が地域社会の互酬性や協調行動に寄与していること、住人の入れ替わりが少なく移動性が低いこと、所得分布の格差が少ないことに求めている。地域それぞれの条件にいかに沿うことができるのかが、システム作りについての今後の大きな課題といえるだろう。

5．家族の多様性と依存労働

(1) 依存の私事化とその限界

　家族は市場によって自立できない依存的存在である子どもや高齢者、障害者に対するセーフティネットの役割を果たしてきた。女性がケア役割を引き受ける際には、愛情や達成感というポジの部分と、義務や不安というネガの部分が存在し、前者は女性の天性・母性として称揚されるが、後者については捨象さ

れたまま女性に抑圧的に働くと中村は指摘する（中村 2012）。女性の本質として愛情を規定することが依存の私事化を生じさせ、公的支援を最小限にとどめる働きをしてきた。近代家族は労働力と次世代の再生産のために家事・育児を女性がその役割として無償で引き受けることで成立している。

今日の家族が多様化している状況は、そこに亀裂を生じさせている。例えば性別役割分業を前提とする社会のなかで夫という稼ぎ手を欠く母子世帯は、経済的剥奪だけでなくサポート手の剥奪を経験することになる。川島ゆり子は、精神疾患を持つ母子家庭のケースを取り上げ、つながり、連携、セーフティネットをキーワードとしてその排除プロセスを明らかにした（川島 2015）。その結果、メンバーの目的行為を促進するために SC の考えを援用する必要性を提示し、単なるネットワークリストと、関係性のうえに信頼が蓄積されている連携ネットワークリストとを峻別する必要性について述べている。

さらに家族に依存できない人々、例えば施設収容者（児）、ホームレス、自助グループなどについての研究は、まさに人が生き延びていくために、家族以外のいかなる SC を頼りとすることができ、活用可能であるかを示すものといえる。そうした研究の多くが制度的支援の不備と限界を指摘し、関係的支援の必要性を説く。しかし現実に関係的支援を行うのは、その問題に関心のある一部の人であり、コミュニティにおいて互酬性に基づき支援が行われることは少ない。階層格差の拡大がそこには絡む。大和礼子は全国家族調査である NFRJ の調査結果を分析し、階層の高い人のほうが家族・親族からの援助をより期待しやすく、逆にあまり高くない人は期待しにくいことを明らかにしている（大和 2009）。

そのようにして家族が負いきれなくなった育児や介護の分担の場として地域への期待が集まり、ネットワーク形成についての研究が重ねられ、SC の有効性が見いだされてきたといえる。近隣との関係性を維持する役割は家族のなかでもとくに女性が担い、地域に家族を結び付けてきた。そのことを指して、パットナムは男性よりも女性の SC が豊かであると主張する。D. ベルもまた、男性参加の特徴はスポーツやレクリエーションなど一緒に活動をするものを好みグループ内で親密な関係を作ることは少なく、したがって女性に比べると効果的なサポートを提供したりされたりすることが少ないと述べている（Belle

1987)。

　ただし女性のSCは本人のために使われるという様相を呈しながら、育児や介護に見るように実はその受益者は、主に女性によるケアを受けるはずの他の家族である。それを女性にとってのサポートと同一視する姿勢には、家族のために働くことがイコール女性にとっての幸福であるとするイデオロギーが見え隠れする。

(2)　依存労働のジェンダー平等に向けて

　このようにSCについてのジェンダー分析では、ジェンダー間の権力関係に注目せざるをえない。それはP. ブルデューが経済的資本に根付くものとしてSCを語っていた議論を彷彿とさせる（O'Neill and Gidengil 2006）。彼はSCを「相互認識（知り合い）と相互承認（認め合い）とからなる、多少なりとも制度化されたもろもろの持続的な関係ネットワークを所有していることと密接に結びついている、現実的ないしは潜在的資力の総体である」と定義する（Bourdieu 1980＝1986：31）。ブルデューの批判点は、そうしたネットワークの保持が多大な時間とエネルギーの投資を要求することにあった。「SCの再生産は社会性の絶え間ない努力を必要とする」からである。そして家族を代表してその努力を払っているのは女性なのだといえる。

　しかしE. キティは、依存労働は現在大きくジェンダー化されているものの、本来その必然性はなく、依存労働をより公平に分配するべきというビジョンに立つ（Kitty 1999＝2010）。依存労働とは、脆弱な状態にある他者を世話（ケア）する仕事であると同時に、親密な者同士の絆を維持し、あるいはそれ自体が親密さや信頼、すなわちつながりを作り出す（同書：85）。公正な社会における社会的協働に依存の関心を含めるためには、互恵性しかも支援する人々と自助できない人々に援助するために、支援を必要とする人々を結び付ける関係、入れ子状になった依存の関係を認識する相互依存の考え方を取り入れる必要があるとする（同書：224）。彼女はそのために必要な原理をドゥーリアと名付けている。

　いうまでもなく互恵性（＝互酬性）とは社会関係資本の3要素のうちの1つである。互酬性の原理は依存労働のジェンダー平等化が実現されるために必要

であると同時に、労働のジェンダー平等が実現されることにより互酬性の原理が広がる可能性も期待できる。次章ではそれについての議論が展開されることになるであろう。

1) 実際のところ広井・小玉（2010）は、育児不安が児童虐待に結び付けて考えられたことにより、育児の制度的サポートの創設につながってきた側面を指摘している。
2) 一方で子どものSCを家族SCと同一視することに対しては、批判も存在する（Leonard 2005）。家族の外部と子どもは独立したかたちで関係を結びうるためである。その場合には家族に加え、仲間集団とコミュニティのネットワークが子どものSCとしてとらえられることになる。子どもを社会化の受動的な対象としてではなく、意思を持ち選択をする主体としてとらえようとする観点、つまりは子ども観の変化が生じたためである。子ども観についてパラダイムシフトが生じた背景には、先に述べた個人化の影響がある。
3) 落合の知見に対し、久保桂子（2001）は東京都区内の調査結果から、親族から離れて住む母親に対してとくに友人からの援助可能性が高いわけではなく、援助資源の総量が少なくなるとして否定している。
4) 子育て支援センターは、家庭で子育てをする親子の居場所、子育ての情報、相談事業などの提供を目的として「センター型」「ひろば型」「児童館型」の3つの形態で始まった。一方、ファミリー・サポート・センターとは、子育て支援をしたい地域住民と、子育て支援を受けたい家庭とを結び付ける仲介事業である。
5) ただし専業主婦向けの子育て支援は保育所の場合によるサービスより給付がはるかに少なく、受益の公平性の観点から見ると不平等が生じていることを下夷は指摘する。そして2015年からスタートした「子ども・子育て支援新制度」がすべての子どもに良質な生育環境を保証するという考え方に基づき、いわば「社会の子ども」という発想から検討されたにもかかわらず、その根拠となる法律において、あたかも育児の社会化に歯止めをかけようとするかのように家族責任の規範の強化が図られていることを批判する（下夷 2015）。
6) 同じように都市度とネットワークの関係を分析した立山徳子は、都市度は夫の子育てサポートと関連せず、都市度と強く関連する夫の就労スタイルが夫の子育てサポートの多少を説明する効果を持ち、世帯内サポート（夫サポートと同居親サポートの総和）は都市度ではなく夫の就労スタイルと関連を持ち、また世帯内サポートの差は同居親サポートではなく夫サポートの差によるものであったと述べている（立山 2011）。

第4章　女性の就業とソーシャル・キャピタル

喜多　加実代

1．女性の就業という課題

　1986年に男女雇用機会均等法が施行されて30年、1999年に男女共同参画基本法が施行されて15年以上を経た現在でも、日本社会のなかで女性の就業はなお課題であり続けている。仕事と家庭生活の両立困難が指摘され、他国と比べて管理職に就く女性が圧倒的に少なく、男性との賃金格差も改善は見られるものの依然として大きい。第一子出産後の退職者も多く、出産後に就業を継続する女性の割合はなかなか伸びてこなかった（図4-1）。確かに共働き世帯は増加の一途をたどっており、共働き世帯と専業主婦世帯の比率は1985年とほぼ逆転するまでになっているが（第3章図3-2参照）、非正規雇用者の比率も増加している。しかも、未婚の女性の間でも非正規雇用が増えている状況である。

　出産後の退職については、育児のために自ら望んで退職する場合もあるだろう。育児や介護をやりたいと思う者がそれを行うこと自体に問題があるわけではない。また、どのような理由であれ、あるいは例えば単身者であっても、無業でいることが必ずしも悪いことではないという考え方もあるかもしれない。

　しかしながら、日本に特徴的な長時間労働（残業）や休日出勤、とくに非正規雇用での育児休業取得の困難、休業取得後の職場での不本意な処遇、保育所等の社会的資源の不足などから、不本意に退職する場合も多い。また、就業を継続するか、退職して（少なくとも一時期は）育児に専念するかという「希望」自体が、こうした条件に左右されることもふまえる必要がある。そのような状況で出産後に多くの女性が退職する状態が続いても、本人の希望による退職のほうが強調されれば、女性の、あるいは育児・介護を抱える男女の就業継続が

図4-1　第1子出産前後の妻の就業変化

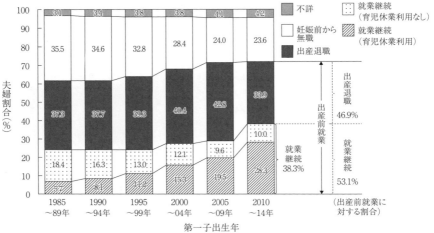

注：対象は第一子が1歳以上15歳未満の初婚同士の夫婦。第12回〜第15回調査の夫婦を合わせて集計した（客体数12,719）。
出典：第15回出生動向基本調査・結果の概要

　困難な状況は放置されかねない。第3章でも指摘されたように、このことは就業継続を望む女性が、結婚・出産を遅らせたり、結婚・出産しなかったりする選択にもつながっている[1]。もちろん、かつても結婚・出産による不本意な退職は多かったが、少子高齢化対策など、政策的にも女性の就業が必要とされるなかで、それが個人や家族の都合ではなく、社会の問題であることが認識されるようにもなってきた。連合による女性雇用者への意識調査で（日本労働組合総連合会 2013）、妊娠経験のある回答者の約4分の1がマタニティ・ハラスメントを経験したことが報告されて問題となり、また、保育所等の確保や育児支援が重要な社会的課題とされるようになってきた。
　法的には育児休業が男女に保障され、育児をする／できるのは母親（女性）だけではないことが了解されつつあるが、育児を理由として退職するのは依然として女性に偏っている。出産後に多くの女性が退職したり、女性が家事・育児の大半を負担したりする事実は、キャリア形成を望む女性に対しても退職や中断のリスクを見込み、業務や機会を制限し就業上の地位や賃金を低く抑える理由づけとして機能している。そして、このようにキャリア展望や賃金上昇が

見込めないからこそ、出産を機会に自ら「希望」して退職するという悪循環も生じているとされる（岩田正美他編 2015）。

　他方、一度退職した有子の女性が正規雇用で再就職することは非常に困難な現実もある。子どものいる女性の非正規雇用率の高さが、本人の希望によるものか不本意なものかについても、その「希望」が条件に左右される面をふまえる必要があるだろう。さらに、非正規雇用で就業する女性の多さは、現在、初職の時点から女性の正規雇用を難しくするという、女性にはいっそう厳しい状況を生んでもおり（小杉・宮本 2015）、この状況は若年男性にも拡大してきている（山田 2009）。

　女性の就業におけるこのような地位達成の困難、賃金の低さ、雇用の不安定さは、とくに経済的に中位以下の家庭において、女性に対する教育投資を抑制させることにもなっている。しかし、実は、女性が就業を継続しやすく、再就職する際にも比較的有利になるのは専門職であり、進学を諦めて就職することは、安定した就業を維持することを確率的に難しくする。単身女性や母子世帯の貧困率の高さ（図3-3参照）は、こうした幾重にもある負の連鎖が生み出したものといえよう。

　女性の就業については、これらの不利な状況や就業の不安定・低賃金がもたらす問題が指摘される一方、女性の就業が子育てや家庭生活にどのように影響するかも長く問われてきた。しかし、この課題のとらえ方自体も変化してきたといえる。近年では、子どものいる女性が就業すべきかどうか、女性が子育てと就業をどう両立させるかという問いの立て方ではなく、就業と家庭生活の両立は、子どもを持つ男女の課題、あるいは個々の家庭の問題にとどまらない社会的な課題としてとらえられるようになってきた。

　本章では、こうした状況をふまえつつ、女性の就業と人々のつながりや社会関係がどのように検討されてきたかを概観する。

　ところで、とくに育児支援については、第3章でも言及されたように、従来からネットワーク論やソーシャル・サポート研究において検討されており、それをソーシャル・キャピタル（SC）として扱う理由が問われることもある（稲葉昭英 2007）。この問いに対しては、名称や研究の系譜にこだわらずどのような関係のあり方がどのように機能するのかを検討するという答えがありうる。

本章の記述は、そうした考えにのっとっているところも大きい。同時に、それをSCとしてとらえる積極性を述べれば、1つには、キャピタル（資本）という言い方が、社会関係の不平等や格差を指摘するのに適合的であるということがある。例えば、安定的で賃金のよい就業につながる社会関係を誰が有するのかといったことが典型的な問いである。あるいは、育児支援の関係にアクセスしやすく、多様な支援を得ているのは誰かという問いが立ちうる。もう1つには、ある事柄についてはプラスに働く社会関係が他の事柄については機能しなかったり、マイナスに働いたりする多面性や両価性をとらえやすいことがある（Lin 2001＝2008）。例えば、情緒面や生活面を支えるSCが、よりよい就職にはマイナスに働く可能性などである（Portes 1998）。この両価性については、ネットワーク論やソーシャル・サポート研究でも言及されているが、両価性を不平等や格差と結び付けてとらえやすくなることが想定できる。

　前章までで指摘されてきたように、何をSCとするかが各研究の理論前提や仮説によって異なり、すでに別の用語で研究されてきた親の教育的関与や教育意識をSCと呼ぶ意義が問われうるし（第2章）、世帯成員や近親者のみでは支えきれない現状があるからこそ近親者以外の社会関係をSCとして探求する価値があるともいいうる（第3章）。本章ではこの問題提起をふまえながらも、女性にとって、子どもにとって見返りをもたらす関係という観点から、家族・近親者をSCに含んで言及する。名称にこだわらずに検討するという先に挙げた方針にもよるが、子どものいる女性にとって、夫の家事育児関与や母親（子どもの祖母）の支援は、依然として就業に影響する一要因である。1人親のみならず単身赴任などで夫が不在の家庭もあり、加えて夫の家事育児関与が当たり前のものになっていない現状では、夫との関係は資本となりうる。これらについても両価性や格差を視野に入れて検討すべきと考えるからである。

　以下では、2で子どものいる女性の就業に関する課題、3で転職を含むキャリア形成上の課題、4で若年女性の就業に関する課題を検討する。ライフコースの観点からは順序が前後してしまうが、子育てと仕事の両立という性別分業的課題が、転職やキャリア形成にも、若年女性の就業にも影響していると想定するためである。

2. 子どものいる女性の就業という課題

(1) 子どものいる女性の就業を促すSC

　子どものいる女性の就業が課題となるのは、また、本章で始めに言及するのは、これが現在の日本の性別分業や女性の就業のあり方を規定する大きな要因であるからである。1でも述べたように、出産後に多くの女性が退職するという事実は、一方で、就業を指向する女性に結婚や出産を懸念させたり遅らせたりし、他方で、女性全体の賃金やキャリア形成を抑制しそれがかえって中途退職や転職をうながすという悪循環を作り出す。女性が皆、結婚、出産するわけではないし、結婚や出産を希望しない男女もいるが、問題は結婚や出産の希望が実現できないということであり[2]、それを困難にする就業環境が問われている。

　出産後に就業が継続できるか、育児でいったん退職した後に安定した就業ができるかは依然として重要な課題であり、これまで数多くの研究において、女性の就業をうながす社会関係や資源とはどのようなものかが検討されてきた。育児休業や育児支援資源などの制度的な保証の重要性をまず指摘すべきだが、始めに述べたような女性の就業率の増加（中断率や非正規雇用率は高いものの）や保育所利用率の増加に伴い、就業をうながす育児支援資源についての研究関心も、実際に育児支援を依頼する先も変化が見られる。

　かつては、近親者などの人間関係が注目され、また実際に三世代同居が女性の就業率を高めることが指摘されてきた。しかし現在は保育所などの社会的支援の充実と育児休業などの制度的保障の必要性がより強調され、就学前児童数に占める保育所の利用率も高まっている。保育所などの施設を社会関係であるSCに含めるかどうかは研究によって異なるが、保育所は子どものいる女性が就業する際に最も多く利用する資源となっている。しかし、小規模事業所とそれ以外では、保育所の利用率や制度・施設の利用率が異なり、誰が安定した社会的資源を利用しやすいかで差が生じている（表4-1）。

　同時に、現在もなお女性の母親（子どもの祖母）の存在が依然として大きいこともわかる（図4-2）。制度・施設を利用しても遅くなるときやいざという

表4-1　第1子が3歳になるまでに利用した子育て支援制度や施設（%）

従業員数	N（人）		育休		認可保育園・こども園・企業内保育施設		無認可保育所・保育ママ等その他のサービス		利用しなかった	
	正規	非正規	正規	非正規	正規	非正規	正規	非正規	正規	非正規
1〜29人	80	121	60.0	10.7	47.5	46.3	51.3	51.2	10.0	23.1
30〜99人	57	33	82.5	27.3	63.2	66.7	63.2	51.5	0.0	24.2
100〜299人	87	39	79.3	33.3	70.1	53.8	39.1	74.4	1.1	7.7
300〜999人	76	19	94.7	52.6	76.3	73.7	61.8	42.1	0.0	26.3
1,000人以上	131	25	88.5	40.0	81.7	44.0	51.9	60.0	0.8	12.0
官公庁	73	4	94.5	50.0	67.1	50.0	69.9	125.0	0.0	0.0

出典：第15回出生動向基本調査の結果を集計

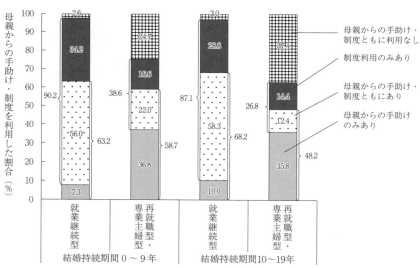

図4-2　第1子が3歳になるまでに受けた母親（子の祖母）からの子育ての手助けと制度・施設の利用状況

注：対象は3歳以上の子をもつ初婚同士の夫婦（子ども数不詳、予定子ども数不詳、母親の手助けおよび制度利用状況の不詳を除く）のうち、妻の就業経歴が就業継続型（結婚継続期間0〜9年の客体数234、同10〜19年472）、再就職型および専業主婦型（結婚継続期間0〜9年の客体数446、同10〜19年1,108）のいずれかに該当するもの。妻の就業経歴については、第一子妊娠時、第一子1歳時、および現時点での妻の従業上の地位により分類。
出典：第15回出生動向基本調査・結果の概要

　ときに子どもの世話を頼める人がいることが、再就職も含む就業確率を高めることも複数の調査や研究で報告されており、そしてその場合頼りにする相手は友人や近隣住人よりは、近親者であることが多いとされる（安河内編著 2008, 松井 2010）。それゆえ、子どものいる女性の就業をうながすSCとしては、数の

多さや多様性よりは、近くに近親者がいて頼れるかどうかが重要とされている。日本の男性の家事・育児時間が総じて短いという事実はあるが、やはり夫の育児・家事分担は妻の就業を支えるものとなる（藤野 2002, 前田正子 2000, 中野諭 2015）[3]。

　また、近年では、女性自身の親が近居することは就業率を高めるが、三世代同居や夫の親の近居の効果は認められなくなっていることが報告されている（永瀬 2012, 福田・久本 2012, 千年 2016）。永瀬伸子（2012）は、「出生動向調査」の結果などから、三世代同居が減少し（図3-1参照）女性が育児支援に自身の親を頼ることが増えたためであろうとしている。また、小坂千秋・柏木惠子（2007）による育児期の夫婦調査によれば、親が近居の場合も、夫の親よりは自分の親に頼る割合が高く、また夫の親と同居あるいは近居の場合に夫やその親が就業に反対する傾向も見られたという。

(2) 就業者、専業主婦それぞれの育児不安

　就業と育児の両立困難が指摘されるなか、就業する母親の仕事と家庭の葛藤（work family conflict）や育児不安は、子どものいる女性の就業を抑制させる懸念からも、育児や家庭生活への悪影響の懸念からも検討されてきた。仮に出産後も就業は継続できても、家事育児の責任や負担は依然として女性に偏ることが多い「新・性別役割分業」（樋口恵子）と呼ばれる状況で、女性はストレスや葛藤を抱えることがある。

　他方、就業する母親と専業主婦の母親の比較では、ほぼ1人で乳幼児と向き合うことが多い専業主婦のほうにむしろ育児不安が強いことがわかり、すでに研究や政策上ではこれを前提に議論されるようになっている（厚生省 1998）[4]。国や自治体の育児支援が、就業者だけでなく、（支援の形態は異なるものの）すべての家庭を対象とするものにシフトしたのもその認識と無関係ではない[5]。

　N. リンは、SCからもたらされる見返りには道具的（手段的）なものと表出的（情緒的）なものがあるとし、情緒的見返りとして、身体的健康、メンタルヘルス、生活満足度の向上を挙げる（Lin 2001＝2008）。(1)で言及した就業をうながす手段的見返りだけでなく、育児不安や葛藤を緩和する情緒的見返りについても長く研究されてきたといえる。

育児不安研究の嚆矢である牧野カツコの研究（1981, 1982）において、その後多くの研究で確認されることになるポイントがすでに指摘されていた。すなわち、多忙な就業する母親と育児で孤独になりがちな専業主婦とでは異なる種類の育児不安が生じること、また夫のサポートと、外に出て人間関係を広げることが不安の緩和につながることである。松田茂樹（2001, 2008）は、ネットワーク研究の知見を整理し、牧野と同様の結論を出している。松田によれば、ソーシャル・サポート研究では近親者など親しい人との緊密な関係が重視され、他方、社会資源論では、ニーズに応じた多様な人々との関係とその量が重視されてきた[6]。しかし、松田は、自身の調査結果などから、どちらかに偏るのではなく、その両方があることが育児不安の緩和と育児満足度の上昇に効果をもつとした。前田尚子（2004）は、松田の知見を敷衍して、育児サークルやPTAなど子ども関係のSCは、もちろん支援的に機能するが時に母親のストレス因になることもあり[7]、母親に子ども関係以外のSCがあることの意義を指摘した。渡辺大輔（2014）は、近親者、育児サークル関係を含む友人、保育所などを含む自治体の支援が、育児不安やストレスの異なる内容をそれぞれに緩和するとした。汐見和恵と松田らの調査では、幼稚園以上に保育所が、育児不安を緩和する役割を果たす結果が示された（汐見 2010）。

　就業する母親については、夫、自身の母親との関係が、就業と家族生活との葛藤や家事育児面でのストレスを緩和する結果が報告され（崔 2008, 酒井厚他 2014）、酒井厚らはこれに加えて、職場、友人との関係が不安の緩和に奏効するとしており、ここでも子ども関係以外のSCの意義が示唆されている。他方、夫の母親については、杉野勇（2001）が、1995年のSSM調査の分析から、同居（義）親の支援を得ている女性が「自分の仕事のために、家庭や私生活を犠牲にしていることが多い」と思っている割合が最も高いとし、崔貞美は、夫の親の育児支援は女性の家事や家族関係のストレスを緩和するものの、夫の親の同居・近居自体がストレスを高めている結果を示した。酒井らの調査では、夫の母親の支援と子育て不安の項目だけで見ると育児不安緩和の効果が見られるが、他の要因を統制したパス解析では夫の母親の支援は効果が見られない結果となった。これは、夫の母親からの支援が、そこに頼りつつも葛藤をもたらす両価性を持つことを示唆するものかもしれない。あるいは、分析の精緻化が

以前と異なる知見をもたらしたということもあるかもしれない。

　就業者と専業主婦との比較では、これまで専業主婦が孤立しがちになり育児不安が強いことが想定される結果が示されてきた。しかし、これについても他の要因を統制した重回帰分析の結果、孤立して不安が強まるのは、専業主婦かどうかによるのではなく、世帯収入の低さによるのではないかという問題提起もなされている（松田茂樹 2008）。本書で用いている我々の調査では育児不安自体は問うていないが、育児支援の相手や数について石川由香里が別稿で分析を行っている。他要因を統制すると、就業形態のいかんではなく、低収入世帯で子どもの世話を依頼する先が少なく、中学卒の親に相談先がない傾向があるという、松田の知見と類似の結果が示された（石川 2015）。女性の貧困がいわれ、また貧困が孤立を生み出しやすいことが指摘されるなか、就業者か専業主婦かという問いだけでなく、経済状態、就業、子育て支援を関連させた検討がさらに必要となっているともいえよう。

(3) 子どもの教育達成と母親の就業

　出産後に退職して一時期は育児に専念する女性がそれなりに多いのは、育児や家庭教育を重視しているという理由もあるだろう。そこには、「子どもが小さいうちは母親が育てるべき」という、乳幼児期の情動発達に関してもっぱら母親だけの関わりを重視する、現在はほぼ否定されている知見への信念もあろう（第3章参照）。また、子どもが学齢期になっても、子どもの生活や教育への配慮から就業しない選択をすることもあれば、他方では子どもの教育費のために就業することもある。この主題においては、一方で、子どもにとってのSCとなる母親の就業が課題となるが、他方で、子どもへの影響やその想定が、女性の就業を抑制したりうながしたりする課題ともなっている。

　コールマンが親（とくに母親）の教育的関与を子どもの教育達成に影響するSCとし、教育達成で不利な層をカバーする資源と見た一方、A. ラリューは親の教育的関与や学校との関わりを文化資本に該当するものとし、階層再生産の要因と見ている。また、公教育でも市場原理や自己責任が強調され、各家庭の選択や教育投資にゆだねられる部分が拡大する状況で、ブラウンは教育達成に子どもの学力以上に親の教育的関与が影響する懸念をペアレントクラシーの名

称で示した（第2章）。

　乳幼児期の子どもの発達に関する知見とは逆に、小中学受験（岩田香奈江 2008, 片岡 2009）、通塾時間（平尾 2004）、子どもと父親との勉強に関する会話（黒沢 2004）などが、学歴や世帯収入を統制しても、専業主婦家庭で高くなる結果が示されている。そして、このことは、しばしば母親育児が子どもの発達や学力自体にもたらす影響のように語られる（参照した研究はむしろそうした見解に懐疑的であるが）。しかし、現在でも授業参観などの学校行事やPTA活動は、専業主婦やパート就業者を想定したものになっており、部活、習い事、塾での学習にも親の関与が求められることもある。そしてその多くは母親が担っている。加えて、子どもの教育に対して各家庭の責任や親の関わりがかつて以上に強調される傾向もあることを本田由紀（2008）や山田昌弘（2009）などが論じている。それら研究が指摘するように、その背景には、一方では貧困や1人親などで子育てに余裕がない家庭が増えるなか、その根本の社会的要因には触れずに、子どもの状況だけを懸念し家庭教育の重要性が指摘されたことがあろう。他方では、子育てに余裕のある層が、多様な家庭的背景の子どもに対応する学校の状況やゆとり教育に不安を抱き、家庭が教育に責任を持つという考え方に同調し、通塾や私学進学による教育達成を指向することがあろう。

　母親の就業の有無、フルタイムかパートタイムかといった就業形態、専門職かサービス職かといった職種などが子どもの教育達成に影響するとすれば、ラリューやブラウンの示唆をふまえて学校や教育の状況において有利または不利になる資本というとらえ方から、母親の就業と子どもとの関わりをSCとして検討してよいだろう（喜多 2012）。また、その検討においては、本田や山田が指摘するように、家庭の経済状況と母親の就業との関係、子育てに余裕がないのはどのような家庭か、といった点が考慮されるべきであろう。

3．女性の再就職、転職、キャリア形成

(1) 再就職、転職とSC

　「平成24（2012）年就業構造基本調査」の結果によれば、初職を継続している男性は30代半ばから50代半ばまでほぼ一貫した傾向が続き約50％で推移し、

表4-2 就業経歴別年収分布（正規雇用者分のみ）(%)

	N（人）	200万円未満	200～300万円未満	300～400万円未満	400～500万円未満	500万円以上
初職継続	84	2.4	10.7	22.6	21.4	42.9
転職就業継続	152	13.8	25.0	23.7	15.1	22.4
中断再就職	125	18.4	35.2	22.4	10.4	13.6

χ^2検定　p＜.001

　女性もやはり30代半ばから50代半ばまで一貫した傾向は続くが初職継続は約25％である。出産を機に退職し、再就職する女性が多いことを始めに述べた。しかし大沢真知子らの高学歴女性の調査[8]では、有子女性のほうが初職を辞める割合は高い（93.4％）ものの、子どもがいない女性も78.5％が初職を辞め、転職や再就職をしていた。なかには結婚退職も含まれるが、そうではなく転職や再就職を想定して辞めることも多い。そして給与や企業規模で比較すると、転職・再就職後の回答者のほうが相対的に低くなっていることがわかった（杉浦 2015）。全学歴にわたる女性に3地域で実施した我々の調査でも、未婚者（N＝191）の84.3％、無子既婚者（N＝140）の90.7％、有子既婚者（N＝903）の93.8％が初職を辞め、未婚者の71.7％、無子既婚者60.8％、有子既婚者の60.5％が転職や再就職をしていた（このうち、転職継続就業者は、それぞれ41.9％、32.9％、13.4％である）[9]。就業構造基本調査結果より初職継続率がかなり低い偏りはあるが、いずれにしても転職・再就職者は多く、正規雇用者（経営者・役員を含む）のみでの年収を比較すると、やはり転職・再就職者のほうが収入は低くなっていた（表4-2）。

　本書の聞き取り調査でも、協力者のうちの未婚者2名ともが退職を経験していた。1名は、就職後に思い立ってフランスに行き日本に戻って再就職したが、正規雇用を見付けることが難しく、ハローワークで見付けた有期雇用の仕事を更新して続けていた。聞き取り調査時には次の更新が危ぶまれる状況であった。別箇所では、同じ職場の有期雇用者のほとんどが未婚者であることも述べていた。

　　皆、会社で一通りのキャリアを積んで、ちょっと専門分野があって入ってきてっていうかたちで。（中略）［現在の労働条件などについては］デリケート

なところなんで、面と向かってはいえないところなんですけども、たまたま1週間ほど前に異動になった子、男性なんですけどね、その子と話して、実際われわれの給料って結構問題だよねって。で、使うだけ使って、もう使えなくなったら「はい、さよなら」だよねっていうのは話しました。(45歳、常勤、大学卒)

　渡辺深は、グラノヴェターの研究をふまえて育児期の就業中断再就職も含め、日本の女性の転職の特性を検討している。グラノヴェターの就職・転職研究は、就職や転職に有益な情報をどのような社会関係から得たか、その結果就職した先に満足しているかをホワイトカラーの男性に調査したものである。頻繁に会う親しい友人や近親者 (強い紐帯、結束型) を活用するより、それほど頻繁に会わない人 (弱い紐帯、橋渡し型) を活用するほうが有益な情報を得られ、また就職先の満足度も高いという結果になった (Granovetter 1973=2006, [1974] 1995=1998, 渡辺深 2014)。

　日本の男女について転職状況の比較では、結束型と橋渡し型のいずれが有益になるかは、時代、職種で異なるものの、男女ともハローワークや直接応募よりSCを活用するほうが、正規雇用就業率が高く、賃金や満足度が相対的に高い結果になった (渡辺深 2014)。我々の調査では、転職・再就職者が766人で、正規就業率 (経営者・役員を含む) は36.6％であったが、親や親戚、前の職場の人、学校時代の友人、それ以外の友人を介した場合に正規就業率が高まり、前の職場の人を介した場合に転職・再就職者の平均賃金を有意に上回ることが示された。橋渡し型が機能しているともいえるが、それでも初職継続者と比べると平均賃金は低くなっている。前の職場の人を介した者は転職・再就職者中8.2％であった。

　渡辺の調査によれば、男性に比べ、女性はSCを活用しないことが多く、SCを活用した効果は正規雇用者にしか表れなかったという。職業上のネットワークの活用が有利な転職につながるが、その職業上のネットワークがそもそも女性には乏しく、地縁などは必ずしも有利な就職に結び付かないと渡辺は述べている。「社会関係資本、つまり、特定の目的遂行に戦略的な社会資源は、自らを再生産する傾向があり、職業領域の中核に多くのネットワークを持つ男性が

その社会関係資本を活用しさらに多くの男性を中核の職業に結びつける、意図せざる結果をもたらす。女性が中核の職業領域に接近するためには、中核に位置する、正社員・正職員である女性の数が多くなる必要がある」(渡辺深 2014：255)。男性と女性とでは、安定した高賃金の就業に結び付く SC があるかどうかに格差があり、SC が同類の者 (ここでは男性) に活用されることで排他性も生まれることが指摘されている。類似の検討はリンも行っているが、これはブルデューが述べた SC の不平等や閉鎖性に重なる指摘でもあるといえよう。

　未婚で退職したもう 1 人の調査協力者は、他県でアパレル業に勤めた後に出身地に戻って起業したが、そこで活用したのは、地元の知り合いより就業時の関係者であると述べていた。次の語りは、どのような SC が有利となるのかを体感しているもののように思える。

> ［地元の知り合いは］結局結婚していると、そこの関係っていうのは薄いと思います、やっぱり。そういうのは頼ろうとは思いませんでした。(中略)［勤めていた時代に］アナウンサーさんのお母様がちょうどお客様でいらしていて、で、娘がそこに入りましたから紹介しますね、だから多分そういうご縁で［顧客がついた］。(中略) 変な話ですけれども、国会に行きますと、秘書さんたちいらっしゃいますから。男性も女性もいらっしゃいますから。そこ、キャンペーンなんですね。(48歳、自営業、高校卒)

　就業や昇進に結び付く SC とは異なるが、彼女の場合は過去の仕事の顧客人脈を広げ購買につながる層にアプローチしている。顧客は勤務していた他県や東京の人が多く、そちらに出向いて顧客を広げつつ、葉書を送るなどしてその関係を維持しているという。

(2) キャリア形成と SC

　キャリア形成のうえで SC の重要性とともに、その排他性や不平等を指摘する研究もある。高田朝子・横田絵理 (2015) は、キャリアの初期には本人の信頼性をもたらすために職場における結束型 SC が機能すること、キャリアが長

くなると職務の情報獲得のために橋渡し型のSCの重要性が増すこと、また管理職への昇進には、上司とのつながりや、多様な職種を経験しながら社内でのSCを広げることが重要であることを指摘している。初期の結束型SCの働きは、リンの情緒的見返りに類似するところがあろうし、昇進についてはグラノヴェターの知見同様、橋渡し型SCを多く持つことが重要であることになろう。

本多ハワード素子（2016）は、管理職女性へのインタビュー調査から、従前の社内のネットワークが女性の参入を阻み周縁に置くものになりがちであること、そのために管理職女性たちには参入のための工夫や、別のネットワーク考案が必要とされたことを示唆する。また彼女たちがそれぞれに社内SCを作ったり作り変えたりしつつ、後輩の女性につなげた事例も示した。このように、SCをうまく機能させ次につなげるかたちを工夫することは、排他性や不平等の改善になりうるが、逆にいえば、現行の社会的地位と結び付くSCは不平等を再生産する面を持つ。渡辺は、「最近の研究では、ネットワークが社会資源、あるいは、社会関係資本と呼ばれるようになり、社会関係資本の分布における男女間、あるいは、人種間の不平等が議論されるようになった」（渡辺深 2014：271）と述べており、不平等性とそれが再生産される面に焦点をあてることに、ネットワークをSCと呼ぶ意義を見出している。

4．若年不安定層における女性の就業とSC

(1) 若年者の不安定就業とSC

雇用者に占める非正規の割合が約3分の1まで増加したことが指摘されているが、非正規雇用は、特に女性と若年者に多く、若い女性は初職就職時点や未婚でも非正規になりやすいリスクを抱えるようになった。高校を通じた就職ルートも減少し初職就職時にも非正規になりやすくなっているが、正規雇用やキャリア形成が可能な職種への就業しやすさは、学歴、高校の難易度、専門高校と普通科の別などによっても違ってくる。そればかりでなく、希望職種に就くための進学が可能か、職業を選ぶ余裕があるかといった家庭の経済的要因なども影響する。

就業においてこうした不利を抱える若年層の研究において、近年注目されて

いるのが、学校の友人などを含む地縁的関係や近親者のSCである（堀 2006,
内田 2005, 内田 2007, 新谷 2007, 乾 2010, 乾編著 2013）。就業や経済面が不安定な
層の若者にとって、家族や地縁的SCが特に情緒的見返りの面で果たす役割は
大きいとされる一方、そのSCは相談先や情報源を限定し、よりよい就業には
結び付かない両価性を持つことが指摘されている。例えば内田龍史は「特定の
地域に根ざした限定的なネットワークはフリーター析出の要因となっている」
と述べている（内田 2007：150）。学歴や家庭の経済的条件でも有利な層と不利
な層では、そのSCのあり方も異なり、そのなかに非正規雇用者が多くなれ
ば、正規雇用に関する情報や社会関係につながりにくいだけでなく、非正規就
業が将来の選択肢として視野に入りやすいためである。

　乾彰夫は、ここにグラノヴェターやポルテスの知見との重なりを見ている
（乾 2010）。3で言及したように、グラノヴェターは結束型と橋渡し型のSCに
は機能の違いがあり、有利な職業取得などには橋渡し型が、相互扶助や情緒的
安定には結束型が有効であると述べた（大岡 2006：156-7）。このグラノヴェ
ターの知見も参照しつつ、ポルテスは、結束型のSCが、相互扶助的に機能し
つつも、同時にそこから離脱してより高い社会的地位を求めることを抑制させ
ることを述べている（Portes 1998）。

　また、乾らの研究や太郎丸博らの研究（太郎丸編著 2006）では、安定的な職
業に就くことがSC形成の契機になることも指摘されている。仕事を通じた
SCの形成は、渡辺潔や高田・横田の指摘とも重なるものである。太郎丸らの
調査では、世間でイメージされるような友人関係などの付き合いの少なさがフ
リーターやニートにつながるのではなく、安定的な就業の有無がSCの多寡に
つながる結果が示された。初職への就業は、学校を通じて、あるいは直接応募
のかたちで行われること多く、また若年者は仕事上のネットワークも形成途上
で、その社会関係は必ずしも有利に機能しないためである。逆に、正規雇用の
安定的な就業ができれば、その仕事上での関係が育まれ、それが情緒的見返り
のSCや職業上の知見を広げるSCになりうる。しかし、だからこそ、卒業時
点で安定した初職に就けるかどうかが重要になり、いったん学校を離れると安
定的な就業への機会を得ること自体が困難になるという（樋口 2006）。

(2) 若年女性の就業とSC

学歴や家庭の経済的条件が不利な層の若年者のなかでも、女性はいっそう不利になりやすい。「女子は就職が難しいばかりでなく、進学への切り替えも難しいためにフリーターになりやすい……これは親の教育期待や教育投資が子供の性別によって異なることを反映している」(村上 2006：80) といわれる。女性に対しては結婚・出産退職を前提とされるところがあり、また実際に出産退職は依然として多いのだが、未婚率や離婚率も上昇した現在、女性の不安定雇用や低賃金は夫の収入でカバーされるとは限らない。他方で、家族がいることも、女性にとってはマイナス要因になりうる。4の(1)では家族や地縁的SCが相互扶助として機能しつつも、地位上昇を妨げるものになる可能性を指摘したが、とくに家族間では女性は支援の受け手より提供者になりやすい[10]。性別分業と女性の稼得の低さのために、時に未婚であっても、女性が介護、家事、育児支援を引き受けることも起きている (乾編著 2013, 小杉・宮本編著 2015, 杉田 2015)。無償でケアに従事することは、就業の機会や、就業につながる橋渡し型のSCにも参加の機会を制限する。高校卒業者を対象にした乾らの経年的なインタビュー調査、およびそれを継続した杉田真衣の調査では、若年女性が離家によってかえって生活が安定した事例も報告されていた。

また、実は家族は情緒的見返りや扶助を保証するものでもない。家族が葛藤や暴力の源泉にもなることは、すでに知られるところである。そうであるからこそ、有利な就職という面ではときにマイナスに機能するとしても、情緒的見返りや扶助を提供する家族や（ときには家族に代わる）地縁的SCがあるのかどうかがさらに違いをもたらすということもある。

上間陽子は、風俗業界で働く若年女性の聞き取りから、高リスクで精神面での負担も大きい風俗での仕事や、不安定な生活への対応が、とくに同輩の地縁的SCの有無によって違いをもたらすと述べる (上間 2015)。そのうえで、地縁的SCの重要性を指摘し、またそのSCの形成に学校生活が寄与するともしている。上間による問題提起は、風俗業界という厳しい就業環境において社会的資源に乏しい従事者にどのようなSCが機能するかの検討を迫るものである。杉田の聞き取り調査では比較的若年の女性対象者の多くが性サービス業に従事した経験があることがわかった。一定数の女性が従事しているにもかかわ

らず性サービス業が就業と絡めて研究されてこなかったことを杉田は指摘している[11]。若年女性の一定数に性サービス業が稼得のための就業として意識されていることに注意を払い、それ以外の不安定で高リスクな他の就業との連続性と、性サービス業の固有性とを考慮しつつ、上間や杉田の問題提起を考えなければならないだろう。

5. むすびにかえて

　本章では、子どものいる女性の就業に関する課題、転職を含むキャリア形成上の課題、若年不安定層の女性の就業に関する課題を検討し、SCが、女性の就業継続や、キャリア形成、情緒面や生活面での安定に資する面を指摘した。同時に、そのSCの配分が、男女で、また就業形態、学歴、経済条件によって異なり、不平等や格差をそのままにしかねないこと、また、同じ相手との関係がプラスにもマイナスにも働きうることを述べた。

　子どものいる女性の就業継続を可能にする育児支援、育児不安やストレスの緩和、学校が現在家族に要請するもの、若年者の就業に必要な支援など、それぞれに必要とされるSCは共通するものもあるが異なっているものもあり、具体的に何が求められるかも明らかになりつつある。対症療法的に現在使われているSCに頼るのではなく、それぞれで必要とされる機能をどう補填するかを検討する必要があるだろう。そしてそれは、労働時間の短縮、育児休業の保障、保育所等の育児支援、職場での均等待遇、雇用の安定などの構造的・制度的な見直しと並行して進められるべきである。

1） 大沢真知子らが2011年に短大・高専卒以上の学歴をもつ首都圏の25歳から49歳の女性を対象に行った調査によれば、45～49歳の約2割が未婚、約2割が既婚だが子どもはいないという結果であり、初職継続者・転職者の既婚率は40代で約5割、そのなかで子どもいる者はさらにその半分であった。初職継続者・転職者は、再就職者・離職者に比べて未婚者や子どもがいない者の割合が高く、結婚・出産した場合でも、再就職者・離職者より遅くなる傾向が見られた（岩田正美他編2015）。
2） 「出生動向調査」からは、結婚希望者に比べて実際に結婚する者の割合が少ないこと、理想の子ども数より予定する子ども数や出生する子ども数が少ないことが指摘されてきた。2015年の第15回出生動向調査では、夫婦の理想子ども数の平均が2.27、予定子ども数平均が1.87である。しかし理想子ど

も数と予定子ども数自体が経年的に下がっていることも明らかになっている。初婚平均年齢は上がっているが、身体的理由で子どもを持てない人が年齢とともに上がることや、高齢で子どもを産みたくないという人もそれなりにいることにも注意を向けるべきであろう。

3) 夫の育児家事分担については、夫が育児家事を分担するから妻の就業をうながすのか、妻が就業するから夫の分担をうながすのかの判断が難しい。このことは、母親（子どもの祖母）との近居や三世代同居にも該当するところはあるものの、近居・同居率の地域比較などから因果の方向性がある程度推測できるのに比べ、その判断がより難しくなるといえよう。しかし、近年、例えば、これらの同時決定を想定したモデルの検討（中野あい 2009）などから、夫の育児家事分担が妻の就業をうながす効果が見込まれている。

4) 「育児不安」と「育児ストレス」の語を用いた研究を網羅的に探索整理した、川崎他（2008）によれば、「育児ストレス」は2000年頃から用いられるようになってきているという。

5) 第3章注4、5参照。

6) 先に言及したリンは、このソーシャル・サポート研究の流れにおり、リン自身も緊密で親しい関係において情緒的見返りが促進されるとしている。ただし、リンが述べる、この緊密で親しい関係／他のグループにわたる関係の区分と、松田や渡辺大輔の述べる近親者／近親者外（特に母親同士のネットワーク）の区分が一致するかどうかは一考を要するように思われる。4で見るように、乾彰夫は、この分類をグラノヴェターの強い紐帯、弱い紐帯との対比と結び付け、また手段的見返りについても、育児介護の依頼などではなく、地位上昇と結び付くようなかたちで分類している。何をSCとするかだけでなく、そのSCの下位分類についても、研究分野によって指示内容に違いが出ている。

7) 前田の研究は質問紙調査の分析によるものであるが、住田（2014）の育児サークルのインタビュー調査からも同様の結果が示されている。

8) 注1参照。

9) この集計では離死別者については既婚者に含めた。

10) SCに関するこうしたジェンダーの不均衡については、O'Neill and Gidengil（2006）でも指摘されている。

11) スナックやキャバクラなどの飲食業と、身体接触による性的サービスを行う風俗業は連続的で、飲食業を経由して風俗業に移行する場合も多いことも指摘されている。就業的、経済的に不安定な女性たちが性サービス業に従事することが、近年あらためて認識され、問題が提起されているといえよう（小杉・宮本編著 2015）。

第 2 部

第 5 章　子育て世代の教育意識と
　　　　　ソーシャル・キャピタル

杉原　名穂子

1．ネットワーク、コミュニティ、規範

　「読み・書き・算数の技能は社会関係資本へのアクセスに必要であり、その社会関係資本は、今度は成功を導く手助けとなる。」(Plagens 2011)
　J. デューイ以来、この循環的なプロセスは教育分野で提示されてきたが、ソーシャル・キャピタル (SC) 研究の隆盛により、近年ますます、SCと教育達成の関係は実証されてきている。J. コールマンはその先駆的な1人であり、SCは誰もが所持するものであり、家庭の経済資本や親の人的資本の不利を補填する作用があると論じ、注目された。他方、P. ブルデューは、SCは経済的に有利な階層に多く配分され、彼らが自らの優位性を維持・再生産する手段として用いていると論じた。
　SCは経済資本を補填するのか、それとも再生産するのか、この2つの考えのどちらが妥当かについて、それぞれの実証研究があり一概に論じることはできない（志水 2014）。そもそも、SC概念はあまりに幅広く多様過ぎるので、その機能を一般化することに向いていないのである。むしろ、どの型の資源や社会関係がどのような結果を生み出すかに焦点をあてたほうが建設的で実りある議論になる。
　ところで、R. パットナムは、人と人のつながりが様々な利益を生み出すことを多くのデータを用いて示したが、とくに関心を寄せたのがコミュニティの衰退や集団活動の減少が市民意識をむしばむ現代社会の問題であった。「社会関係資本が指し示しているのは個人間のつながり、すなわち社会的ネットワー

ク、およびそこから生じる互酬性と信頼性の規範である。この点において、社会関係資本は『市民的美徳』と呼ばれてきたものと密接に関係している。」（Putnam 2000＝2006：14）

　パットナムの議論はかなり楽観的に SC をとらえている。その問題はともあれ、彼の議論は、利益を生み出す道具的なものとして SC を見るにとどまらず、市民意識や価値意識の醸成と関連させていることに特徴がある。そもそも SC は個人がある行為を選択する際に、その条件を形作ることで影響を与え、その結果何らかの利益や成果を引き出すような資源である。すなわち SC は、行為の手段を提供し、行為の目標の合成に関与し、行為が置かれる文脈を条件づける。次章以降は主に特定の成果に関与する手段的 SC に焦点をあてることとし、本章ではコンサマトリーな SC、すなわち、行為の目標の合成に関連する SC を検討する。具体的には、子育て世代の教育意識や社会活動に SC がどのように関連しているか、調査結果をふまえながら提示する。

(1) 定義について

　まず、本章で取り上げる SC を定義しよう。

　ブルデューとコールマンの知見の違いは、両者が SC として取り上げるものが異なることと関係する。ブルデューにとって、SC とはコネや学閥などのネットワークである。彼は、エリート層がネットワークを通じて、いかに自己に有利な資源を獲得しているかに関心があった。それに対し、コールマンにとっての SC はネットワークのみならず、コミュニティであり、さらにそのコミュニティを支える規範である。アメリカの学校の調査をまとめたコールマン報告で、彼は子どもの学業達成に重要なのは子どもを取り巻く家庭、コミュニティであると述べた（Coleman et al. 1966）。学校への投資も設備も、それ単体では効果をもたらさない。資源は人間関係のなかで用いられて効果を発揮するという考えから、社会関係資本という概念を提示するようになった。

　コミュニティと規範を定義に含めることで SC 概念はより混乱することになったわけだが、そのことが同時に、今日の SC 研究のいわば流行を生み出したのは皮肉なことである。その中心的な人物であるパットナムもまた規範を SC の定義に含めている。ここではコールマンやパットナム型の SC 概念に倣

い、ネットワーク、コミュニティ、規範の3つをSCの指標として取り上げる。その操作的定義は以下である。

① **ネットワーク**

ネットワーク論やSC論では2つのネットワーク類型が示されることが多い。強い紐帯と弱い紐帯（グラノヴェター）、開放的なものと閉鎖的なもの（コールマン）、結束型と橋渡し型（パットナム）など、名称こそ異なるが、人と人のつながりを2種類の異なる性質をもつ型に分類する点では共通している。

ここでは、「広いネットワーク」と「深いネットワーク」という2つの側面に注目して検討を加えることにする。指標は以下のように作成する。

「過去1年間に、あなたは次の人に個人的な相談をしたことがありますか」という質問で、家族、親戚、職場や仕事関係の人、近所の人、学校時代の友人、同じサークルや団体に加入している人、子どもを通じて知り合った人、インターネット上の友人・知人、その他の友人・知人の9項目を挙げ、それぞれについて、「1 よく相談した」「2 たまに相談した」「3 あまり相談しなかった」「4 相談しなかった」「5 該当者はいない」の5件法で回答してもらった。そこからネットワーク指標を以下の通りにスコア化した。この2つの指標間の相関係数は0.230（p＜.000）である。

○広いネットワーク　　相談先の種類の数

それぞれの項目について1～3の回答を1、4～5を0と得点化し、その総和

平均4.15、中央値4となる

○深いネットワーク　　相談の頻度

5件法での回答を順に3、2、1、0、0と得点化し、それを加算した総合スコアを上記の広いネットワークスコアで除算したもの

平均1.97、中央値2となる

② **コミュニティ**

次に、どの集団に所属しているかをコミュニティ要因として指標化する。1つは、居住する都市の違いであり、東京都、福岡市、長崎市の3地域を変数とする。もう1つは、都市よりさらに小さい居住地区を取り上げ、その凝集性の度合をコミュニティ変数とする。ここでは、地域の人をどれぐらい知っている

表5-1 居住地域凝集性／主成分分析

	成分
	1
町内会長	.802
民生委員	.757
商店街やお店の人	.685
隣近所の人	.692

かに関する回答を、地域の凝集性を表すものとして指標化した。具体的には、町内会長、民生委員、商店街やお店の人、隣近所の人の4項目について、「親しく話をする」「会えば挨拶をする」「顔や名前を知っているがほとんどかかわりがない」「知らない」の4件法で尋ね、4〜1にそれぞれスコア化した回答を主成分分析し、その得点を変数とする。居住地区で個人的に築いている人間関係についての質問であり、地域社会の凝集性というよりは、回答者本人が地域にどの程度溶け込んでいるかをはかるものといえる。

〇居住都市　　東京都、福岡市、長崎市
〇居住地域の凝集性　　4変数の主成分分析　主成分得点（表5-1）

③ 規範

規範はネットワークを通して活動するうえでリスクを減らして容易にするという点で、SCと見なされる。それは連帯を生み出すものであり、連帯から生み出されるものである。パットナムは信頼と互酬性の規範をSCの定義に含めた。なお、ブルデューはネットワークに注目し、より手段的にSC概念を定義しており、信頼などの規範は含めていない。彼の文化的実践に関わる概念は文化資本のほうがより精緻化されており、規範は身体化された文化資本の方に含めて考えることができるかもしれない。

ここでは規範として一般的信頼、一般的互酬性の2つを取り上げる。質問項目は下記の通りである。

〇一般的信頼

「たいていの人は信用できる」「見知らぬ人は用心するにこしたことはない」のどちらの考えに近いかを4件法でたずね、前者に近い、どちらかといえば前者に近いという回答を1、後者に近いおよびどちらかといえば後者に近いという回答を0とスコア化したもの

〇一般的互酬性

「人に親切にすれば、いつか自分に戻ってくる」という意見について「そう思う」「どちらかと言えばそう思う」「どちらかといえばそう思わない」「思

わない」の４件法でたずね、前２つの回答を１、後ろ２つの回答を０とスコア化したもの

(2) SC指標同士の関係
① ネットワークが豊かなのは誰か

ネットワーク、コミュニティ、規範の３種はそれぞれ相

表5-2 ネットワーク要因と属性・コミュニティ変数（１）（相関係数）

	ネットワークの広さ	有意確率	ネットワークの深さ	有意確率
年齢 (n=1,209)	-.049	ns	-0.077	**
世帯収入 (n=1,145)	0.171	***	0.074	*
本人学歴 (n=1,210)	0.113	***	0.054	+
地域の凝集性 (n=1,204)	0.221	***	0.07	*

+ p＜0.1、* p＜0.05、** p＜0.01、*** p＜0.001

互に関連しあってSCを構成している。相関係数や平均値の差を比較することで、それぞれの関連について見てみよう（表5-2、表5-3）。

ネットワークが広い人、深い人はどのような特徴があるのか。個人の属性要因でみると、この２つのネットワーク類型は類似した傾向を示し、ネットワークが広い人は、高収入、高学歴、就労している人、既婚者、子どもがいる、持ち家がある人に多い。深いネットワークは総じて属性要因との関連が弱いが、広いネットワークと異なり就労状況、持ち家とは関連しない。

表5-3 ネットワーク要因と属性・コミュイティ変数（２）（t検定・分散分析）

		ネットワークの広さ		有意確率	ネットワークの深さ		有意確率
		度数	平均値		度数	平均値	
就労状態	働いている	847	4.28	**	847	1.97	ns
	働いていない	360	3.88		360	1.95	
婚姻歴	既婚	1,010	4.29	***	1,010	1.99	**
	未婚	193	3.45		193	1.84	
子どもの有無	子どもがいる	869	4.45	***	869	2.00	**
	子どもがいない	313	3.39		313	1.87	
居住1	持ち家	743	4.23	*	743	1.98	ns
	賃貸	437	4.01		437	1.94	
居住2	戸建て	509	4.21	ns	509	2.00	
	集合住宅	671	4.10		671	1.94	
居住地域	東京	377	4.21	ns	377	1.97	ns
	福岡	429	4.02		429	1.97	
	長崎	406	4.24		406	1.97	

+ p＜0.1、* p＜0.05、** p＜0.01、*** p＜0.001

ネットワークとコミュニティ要因の関連を見ると、3都市間でネットワークに関する有意差は見られない。他方で、居住地域の凝集性の度合とは関連を示す。地域により溶け込んでいる人のほうがそのネットワークが広く深いこと、とくに広さと関連していることがわかる。なお表には示さないが、居住年数の長さ、住居のスタイル、婚姻形態別に見てもこの相関関係に違いはない。

これらのことより豊かなネットワークを持っているのはどのような人といえるか。とくに広いネットワークについては階層要因と地域への溶け込み、家族構成が重要な要因となっている。より地域の凝集性が高い人のほうがそのネットワークが広く多様であることから、子育て世代の女性は、地域との関わりを通して個人の持っているネットワークをさらに広げているといえる。つまり、地縁的なつながりは女性の閉鎖的なネットワークではなく、多様性と関係しているのである。

② 規範との関係

ネットワークおよびコミュニティ要因と信頼や互酬性の規範との関係はどうであろうか。それぞれの規範に関して、ネットワークおよびコミュニティ変数の平均値を比較したものが表5-4である。一般的信頼や互酬性の規範に関係するのは、広いネットワークと地域の凝集性であることがわかる。他方で深いネットワークや階層要因はほとんど関係しない[1]。

SC論では一般的信頼の重要性がしばしば指摘されている。信頼感はどのよ

表5-4 規範とネットワーク・コミュニティ・属性のt検定および相関係数

		ネットワークの広さ		有意確率	ネットワークの深さ		有意確率
		度数	平均値		度数	平均値	
一般的信頼	たいていの人は信頼できる	301	4.61	***	301	1.99	ns
	見知らぬ人は用心するにこしたことはない	909	4.01		909	1.96	
一般的互酬性	人に親切にすればいつか自分に返ってくる	1,076	4.24	***	1,076	1.98	ns
	そうは思わない	131	3.44		131	1.88	

うに培（つちか）われるのか、属性要因との関連はここではあまり認められなかった。鍵となるのは教育、そして地域の凝集性と本人が持つネットワークの広さとの関連であろう。なお度数を見ると、一般的互酬性の感覚は9割以上の人が持っているのに対し、一般的信頼については用心深い人のほうが多いのも特徴的である。

2．教育・文化的実践とSC

「州における社会的つながりの密度が、生徒の学業達成にどうしてこれほど目立つほどの影響を持っているのだろうか。率直にいって、まだ完全な確信は得られていない。」(Putman 2000＝2006：368)。パットナムがいみじくも述べるように、学業達成や子どもの健康に対して、なぜコミュニティが所有するSCが正の効果を示すのか、明確に説明するのは難しい課題である。彼はこの問題について、コールマン等を引用しながら、親同士あるいは親と学校の密な関係に何らかの解答があると見なし、コミュニティと親の参加をうながす教育政策に理解を示す。

本節では、親が所有するSCが親自身の教育意識や教育行動とどのように関連するかを見ることで、SCがもたらす教育効果のプロセスについて考える手がかりとしたい[2)]。

地域の凝集性		有意確率	世帯収入		有意確率	本人学歴		有意確率
度数	平均値		度数	平均値		度数	平均値	
306	.170	**	301	606.0	ns	317	13.78	*
936	-.055		890	589.8		945	13.55	
1,106	.024	**	1,062	597.8	ns	1,123	13.63	ns
132	-.207		125	563.9		134	13.49	

＋ p＜0.1、＊ p＜0.05、＊＊ p＜0.01、＊＊＊ p＜0.001

(1) 教育意識と教育行動

まず、子どもを持つ親に限定して、所有するSCがどのような教育意識と教育行動に結び付いているか見てみよう。

小中高生の子どもを持つ親を対象に、9つの教育意識・行動を尋ね、その回答をロジスティック回帰分析した。いずれも説明力は低いが、それぞれの資本がどのような効果を示すか各教育行動により特徴があり、以下の4つの類型に分類することができる。

なお、前節のSC指標相互の関連をふまえ、分析にもちいる変数は以下のものとする。

独立変数
○経済資本　世帯年収額　序章表0-1世帯収入の各カテゴリの中央値をスコアとする
○本人学歴　序章表0-1学歴欄を次のようにスコア化する
　中卒＝9、高卒＝12、専門学校＝13、短大・高専＝14、大卒以上＝16
○本人就業　就労している＝1、就労していない＝0とスコア化
○SC　広いネットワーク、深いネットワーク、地域の凝集性、一般的信頼の各スコア

従属変数
○教育意識と教育行動9項目[3]

① 階層要因のみ（表5-5）——業績性志向

まず、経済資本と本人学歴のみが効果を示し、SCがほとんど関連を見せないものが表5-5の教育意識である。「子どもの小中学校受験について考えたことがある」は高学歴高所得の母親に見られ、早期受験が階層再生産の戦略的行為であることがうかがえる。また、一般的信頼の項目で不信感が強いのも特徴的である。社会に対して懐疑的な親が、いわばリスク管理の戦略として子どもに学歴をつけさせたいと考えているのかもしれない。

「子どもの勉強を見る」は高学歴専業主婦の母親に多い。いわば時間資源に余裕のある母親が子どもに関与する教育行動である。この2つの行動は、子ども個人の業績達成に関わるものだといえる。

表5-5　教育行動・意識のロジスティック回帰分析1

	小中学校受験について考えたことがある				子どもの勉強を見る			
	B	標準誤差	有意確率	Exp(B)	B	標準誤差	有意確率	Exp(B)
世帯年収額	.002	.000	***	1.002	.000	.000		1.000
本人学歴	.131	.065	*	1.140	.251	.068	***	1.286
本人就労	−.191	.213		.827	−.605	.226	**	.546
ネットワークの広さ	.033	.055		1.034	.067	.056		1.069
ネットワークの深さ	.010	.195		1.010	.101	.195		1.106
地域の凝集性	.121	.106		1.129	−.023	.106		.978
一般的信頼	−.580	.234	*	.560	−.258	.231		.773
定数	−3.073	.917	**	.046	−2.811	.934	**	.060
−2対数尤度	600.110				584.619			
Nagelkerke R2乗	.160				.082			
n	477				477			

＊p＜0.05、＊＊p＜0.01、＊＊＊p＜0.001

② **階層要因と密なSC**（表5-6）——関係性志向

　階層要因のみならず、SC要因が効果を示しているもののなかで、とくに、ネットワークの深さや地域の凝集性が関連を示すものが表5-6の意識である。「子どもの友人関係についてよく知っている」「子どもの課外活動やクラブチームの活動にかかわる」「子どもの食べるものの食材や産地に注意をする」といった教育行動がこの類型に入る。これらの教育行動は、地域社会との密な関係や閉じたネットワークのなかで子どもへの熱心な関与を示すもので、いわば、コールマンが描いた熱意ある母親像に近いものと考えられるだろう。①の行為が子ども個人の業績達成に関するものであるのに対し、②の行動は、子どもの身体および他者との関係性に配慮する親の行為だといえよう。なお、「子どもの食べるものの食材や産地に注意をする」行動は高収入専業主婦要因と地域の凝集性が関係しており、他の2つの関係性志向の教育行動とは異なる傾向を示している。これについては第8章で詳しく検討を加える。

③ **階層要因と開かれたSC**（表5-7）——文化・公共性志向

　階層要因以外にSCが効果を示すことでは②と同じだが、深いネットワークよりもむしろ広いネットワークが関連を見せるものをこの類型に分類した。

表5-6 教育行動・意識のロジスティック回帰分析2

	子どもの友人関係についてよく知っている				子どもの課外活動やクラブチームの活動に関わる				子どもの食べるものの食材や産地に注意をする			
	B	標準誤差	有意確率	Exp(B)	B	標準誤差	有意確率	Exp(B)	B	標準誤差	有意確率	Exp(B)
世帯年収額	.000	.001		1.000	.001	.000	+	1.001	.001	.000	**	1.001
本人学歴	.197	.099	*	1.218	-.012	.066		.988	.097	.072		1.102
本人就労	-.292	.337		.747	.242	.218		1.274	-.740	.260	**	.477
ネットワークの広さ	.057	.085		1.058	.075	.058		1.077	.035	.061		1.036
ネットワークの深さ	.656	.274	*	1.927	.452	.201	*	1.572	.266	.211		1.305
地域の凝集性	.558	.179	**	1.748	.412	.117	***	1.509	.285	.120	*	1.330
一般的信頼	-.444	.332		.641	-.176	.239		.839	.146	.265		1.157
定数	-1.781	1.339		.168	-.921	.918		.398	-1.305	.999		.271
-2対数尤度	315.316				565.013				502.171			
Nagelkerke R2乗	.103				.083				.107			
n	477				477				477			

+ $p<0.1$、* $p<0.05$、** $p<0.01$、*** $p<0.001$

表5-7 教育行動・意識のロジスティック回帰分析3

	子どもに本を読むようにすすめる				子どもとニュースの話をする			
	B	標準誤差	有意確率	Exp(B)	B	標準誤差	有意確率	Exp(B)
世帯年収額	.001	.000		1.001	.001	.000	**	1.001
本人学歴	.172	.080	*	1.187	.067	.073		1.070
本人就労	-.243	.266		.784	.100	.241		1.105
ネットワークの広さ	.166	.067	*	1.181	.112	.063	+	1.118
ネットワークの深さ	.247	.218		1.280	.125	.209		1.133
地域の凝集性	.246	.133	+	1.279	.244	.124	*	1.277
一般的信頼	-.018	.285		.982	.101	.272		1.106
定数	-2.299	1.097	*	.100	-1.258	1.015		.284
-2対数尤度	441.101				487.268			
Nagelkerke R2乗	.086				.070			
n	476				476			

「子どもに本を読むようにすすめる」「子どもとニュースの話をする」「子どもの教育のためなら多少高額でもお金を出している」「子どもに地域の図書館や公民館、体育施設を使わせている」といった教育行動がここに入る。子どもの業績性のみならず文化的活動、さらには社会性や公共性に関与する行為が多く、母親の持つ広く多様なSCが公共性への関心を培っていると考えられる。

以上、9つの親の教育意識や教育行動について見てきたが、親の所有する資本はそれぞれ業績性、関係性、文化や公共性など多様な側面で子どもへの関与をうながしていることがわかる。階層要因のみが関連を示す①の教育意識は個人的な業績達成に関わるものであるが、②、③はいずれもコミュニティに関わることや豊かなネットワークを持つことでより涵養される教育意識となっている。他方で、一般的信頼という規範意識についてはほとんど関連を見せなかった。また母親の非就労が関連を示すものは「子どもの勉強を見る」「子どもの食べるものの食材や産地に注意をする」という2つの教育行動のみで、それ以外には効果が見られなかった。働く母親も専業主婦もそれぞれの資源を活用しながら教育行動を行っていることがわかる。

「州における社会的つながりの密度が、生徒の学業達成にどうしてこれほど

子どもの教育のためなら多少高額でもお金を出している				子どもに地域の図書館や公民館、体育施設を使わせている			
B	標準誤差	有意確率	Exp(B)	B	標準誤差	有意確率	Exp(B)
.002	.000	***	1.002	.000	.000		1.000
.089	.075		1.093	.167	.067	*	1.182
−.100	.255		.904	−.295	.223		.744
.134	.064	*	1.143	.193	.058	**	1.213
−.002	.214		.998	−.209	.195		.811
.223	.125	+	1.250	.231	.112	*	1.260
−.177	.272		.838	−.105	.239		.901
−1.844	1.051	+	.158	−1.810	.929	+	.164
458.080				570.262			
.151				.083			
477				476			

+ $p<0.1$、* $p<0.05$、** $p<0.01$、*** $p<0.001$

目立つほどの影響を持っているのだろうか」。本節冒頭に示したパットナムの疑問への回答は示せないが、地域の凝集性が効果を示すものが多い調査結果を見ると、親と地域社会での関わりが教育意識や教育行動に関連していることはやはりいえそうである。ただし、今回、地域の凝集性で用いた指標は、近隣や町内会、お店の人など、地域住民との関わりを問うものであった。すなわち学校とは直接関係しない地縁関係をはかるものであることから、PTAや親同士の関係ではなく、親が1人の住民として地域社会のなかで生きることの影響をこの結果は示している。

(2) 居住都市による違い

前項ではコミュニティ要因を居住地区の凝集性とし、都市要因を除外した。いわば、母親個人がどの程度、居住地区に溶け込んでいるかを検討項目とし、より広い地域社会が提供する学校や進学機会といった構造的要因については考慮からはずされている。そこで、ここでは母親の居住する都市別に母親の教育意識と各資本との関連を検討してみよう。前項でとりあげた9つの教育意識を総合的に表す変数を「教育的関与」の指標として作成し[4]、それを従属変数と

表5-8 教育的関与の重回帰分析／居住都市別

	東京				福岡				長崎			
	標準化されていない係数		標準化係数	有意確率	標準化されていない係数		標準化係数	有意確率	標準化されていない係数		標準化係数	有意確率
	B	標準誤差	ベータ		B	標準誤差	ベータ		B	標準誤差	ベータ	
世帯年収額	.001	.000	.260	**	.001	.000	.252	**	.001	.000	.168	*
本人学歴	.126	.044	.230	**	.099	.050	.157	*	.085	.048	.137	+
本人就労	-.226	.163	-.107		-.370	.164	-.167	*	-.113	.156	-.054	
ネットワークの広さ	.042	.047	.074		.075	.040	.144	+	.079	.039	.156	*
ネットワークの深さ	.182	.139	.105		.036	.154	.017		.337	.149	.165	*
地域の凝集性	.134	.109	.099		.248	.077	.244	**	.182	.072	.187	*
一般的信頼	-.196	.183	-.083		-.057	.174	-.025		-.166	.169	-.073	
定数	-2.457	.659		***	-2.212	.682		**	-2.590	.651		***
調整済R2乗		.187				.195				.136		
n		149				156				169		

+ p<0.1、* p<0.05、** p<0.01、*** p<0.001

した重回帰分析を都市別に行った（表5-8）。

① 東京——階層再生産型

高収入、高学歴層が熱心に子どもに関与している。いわば、階層再生産型の都市といえる。SC要因はいずれも効果を見せず、母親の所有している経済資本と人的資本が子どもへの教育的関与に転換されている。

② 長崎——地縁型

東京に比べて階層変数の効果が下がり、最も強い効果を示すのは地域の凝集性である。母親の2種のネットワークも効果を示しており、地域社会の絆を通して子育てや教育的関わりが行われていることがわかる。

③ 福岡——混合型

東京と長崎の双方の特徴を併せ持っている。最も強い効果は世帯収入であり、専業主婦であることや学歴が母親の教育的態度に関連している。しかし地域の凝集性も同様に強い効果を示しており、地域のなかで育つ子どもという側面も見られる都市だといえる。

このように母親の総合的な教育的関与に対する各資本の効果について、居住都市により傾向が異なる。この原因として都市により個人化・産業化の進展に違いがあること、また公立学校と私立学校の割合など教育機会の構造に違いあることの2点が考えられる。東京都のように個人化が進展し地域コミュニティが所有しているSCの量が少ない都市では、母親は個人や家族が所有する経済資本や人的資本を使う度合いが強まる。そのため再生産性が強くなりブルデュー型に近い社会となる。他方で、地縁関係が比較的見られ公立教育が盛んな地域では、母親自身が持つ経済資本・人的資本のみならず、地域のSCを利用しつつ子どもへの教育行動を行う。SCが階層的要因を補填しているこのような社会はコールマン型に近いと考えられる。

A. ポルテスはコミュニティの紐帯をあてにできない家族はそのSCの喪失を家族のサポートで補うと指摘したが（Portes 1998：11）、個人化が進んだ社会では階層要因が大きな比重を占めることになり、SCの力が弱まる。都市化や個人化が進んでいる地域では格差の再生産が行われる傾向が強く、SCのコミュニティレベルでの醸成は重要な課題といえる。

表5-9 社会的活動と生活満足感の二項ロジスティック回帰分析

	選挙に行く 1)				ボランティア・NPO・市民活動に参加する 2)			
	B	標準誤差	有意確率	Exp(B)	B	標準誤差	有意確率	Exp(B)
年齢	.029	.008	***	1.030	.026	.013	*	1.026
世帯年収額	.001	.000	***	1.001	.000	.000		1.000
本人学歴	.183	.041	***	1.201	.194	.060	**	1.214
本人就労	.066	.142		1.068	-.079	.211		.924
ネットワークの広さ	-.012	.037		.988	.107	.055	+	1.113
ネットワークの深さ	-.006	.118		.994	.045	.200		1.046
地域の凝集性	.379	.074	***	1.460	.506	.100	***	1.658
一般的信頼	.029	.154		1.029	.227	.213		1.255
定数	-3.862	.753	***	.021	-6.353	1.186	***	.002
-2対数尤度	1387.622				710.769			
Nagelkerke R2乗	.119				.105			
n	1,134				985			

注:従属変数はそれぞれ次の通りである。
1) 「国政選挙や地方選挙の際、投票に行きますか」という問いに対し、「ほぼ毎回行く」を1、それ以外の回答を0とリコードしたもの。
2) 4段階で尋ね、「月に1回以上」「月に1～数回程度」「年に1～数回程度」を1、「活動していない」を0とリコードしたもの。
3) 4段階で尋ね、「よくある」「時々ある」を1、「あまりない」「全くない」を0とリコードしたもの。
4) 4段階で尋ね、「満足している」「ある程度満足している」を1、「あまり満足していない」「満足していない」を0とリコードしたもの。

(3) 社会活動と生活満足感

　SCの豊かさは社会意識や社会活動に効果を示すといわれている。パットナムがSCに注目したのは、政治学者として市民社会の変容に危機感をいだき、その原因に社会的つながりとコミュニティへの関与の衰退をみたからである。彼は市民意識の涵養にはSCが必要であり、そのことをさまざまなデータを用いて論証を試みた。たとえば愛他的な行動やボランティア、慈善活動などはコミュニティ生活に関与する人に多いという（Putnam 2000＝2006:第7章）。人間同士のつながりは規範を強化しさらにつながりを生み出していく、すなわちSCは蓄積され増幅する「キャピタル」なのである。
　SCは、はたしてパットナムが述べるように社会意識や社会活動に関連する

募金をする 3)				現在の生活に満足している 4)			
B	標準誤差	有意確率	Exp(B)	B	標準誤差	有意確率	Exp(B)
.029	.008	***	1.030	−.013	.010		.987
.000	.000		1.000	.003	.000	***	1.003
.015	.038		1.015	−.063	.048		.939
−.022	.136		.979	−.117	.181		.890
.073	.036	*	1.076	.049	.047		1.051
−.022	.115		.979	.103	.139		1.109
.306	.068	***	1.358	.190	.090	*	1.210
−.034	.144		.966	.391	.206	+	1.479
−2.109	.704	**	.121	1.081	.883		2.948
1491.286				974.531			
.068				.141			
1,129				1,131			

+ p＜0.1、＊p＜0.05、＊＊p＜0.01、＊＊＊p＜0.001

要因なのだろうか。子どもを持つ女性のみならず子育て世代の全女性を対象に、いくつかの調査項目を用いてその問題を検証してみよう。

　選挙に行く、ボランティア・NPO・市民活動をする、募金をする、といった活動について回帰分析を行ったところ、階層要因以上に地域の凝集性がとくに効果を示している（表5-9）。チャリティやボランティアなどの愛他的行動には広いネットワークの所有も関連を示す。募金活動は日本社会では町内会等の地縁組織の活動のなかで行われることも多く、地域コミュニティへの関与が効果を示すのは理解できるが、それ以外の市民的活動についてもパットナムの議論を同様、SCがそれらを促進していることがわかる。

　「あなたは現在の生活に満足していますか」という生活満足感を問う項目に

ついても世帯収入に加え、地域の凝集性が効果を示している。自分の居住する地域社会での人間関係が女性の活動や満足感には重要となっている現状がうかがえる。

3. 地域社会を生きる母親と SC

　本章ではネットワーク、コミュニティ、規範の SC 3 要件と教育意識や社会活動との関連について検討してきた。子育て世代の SC とその文化的実践の分析から、地域社会の凝集性やネットワークを持つことが教育意識や社会活動に効果を示していることがわかった。

　なかでも多くの項目で関連を示したのが、みずからが居住する地域社会にいかに溶け込んでいるかという地域の凝集性要因である。一般に、地縁関係は結束型 SC として分類されることが多いが、地縁関係はそのコミュニティのタイプによって性質が異なる。地域の絆が果たす機能は必ずしも密で閉じた SC のそれとは限らず、橋渡し型の特徴を示す場合もある。今回の調査地は東京都および県庁所在地であるためその傾向がとくに認められることなった。よりコミュニティに関与する女性は個人のネットワークがより多様となっており、地域との関わりを通して、個人の持っているネットワークをさらに広げている。さらに、コミュニティへの関与は投票行動や募金活動など社会的活動にも影響を与えている。母親の教育行動については、深いネットワークとともに子どもの関係性への関与に効果を示す一方、広いネットワークとともに文化や公共性志向に効果を与えている。

　本章の分析で見えてきたのは、学校や家庭との関わりにとどまらず、1 人の住民として地域社会に生きること自体が子育て世代の母親の教育意識や教育行動に影響を与えている現状であった。母親にとって地域社会と関わりを持つことはどのような意義があるのか。本章は個人を対象とした調査に基づく分析であり、コミュニティそのものを分析していない。そのため多くを断言はできないが、聞き取り調査の語りを通して、地域社会のつながりが母親にもたらすものについて最後に触れておこう。

① コミュニティと多様性——橋渡し型 SC としての地域社会

　地付き層が多い地域では地縁関係が非選択的関係であり、年齢や職業、学歴など住人の属性は多種多様である。とくに、結婚後にその地域に移住することが多い母親は、住民の年代が違うことでコミュニケーションをとることが難しい反面、同世代とは異なる情報を住民が持っていることから利益を得ることも多い。また、子どもがそのような地域社会で生活することで、多様な人と接触し経験を積む貴重な機会を得ているとも考える。

　福岡市在住のAさんは、高校卒業後、ずっと同じ職場で仕事をし、3人の子どもを育てている。住んでいる地域は一軒家も多く、古くから住んでいる地元の方が多いという。Aさんは引っ越して〇年であるが、草むしりや運動会の手伝いなど自治会活動を通して地域に関わるようになった。子どもが公園で集団遊びをするという雰囲気が残っている地域でもある。公園では年齢の異なる子どもたちが、習い事があるためその日によって遊び仲間の顔ぶれも異なる子どもたちが遊んでおり、地域の人たちが何となくその様子を把握している。子どもの数が少ないため地域の子ども会はないが、シニアクラブの活動が盛んであり子どもたちとの行事も行っている。そのような場で年代の違う人と関わることは大事だとAさんは考えている。

> そのシニアクラブさんのような、そのクラブ活動みたいな感じで、なんか、社会貢献とかをね。違う年代の方と触れ合う機会があると、やっぱり、人間の幅じゃないけどそういうのがすごく出てくるのかなって思うんですけどね。親的には、自分たちで見せられないものを、いろんな人に関わってもらって、見せてもらう環境があればな、とは思いますね。

　この多様性は保育園に通う場合にも実感されている。保育園では多様な職業の人と接する機会があり、そのことで子どもが多くの情報を得られる利点があると述べる。

> 保育園行ってると、いろんなご職業の方がいらっしゃるから。あそこのお父さん、あれしてるらしいよ、あそこのお母さん何してるらしいよって

言って。

② コミュニティと推進力——結束型SCとしての地域社会

　世代、職業など、地域社会は母親個人の経験を越えた多様な情報や経験を子どもに提供する。同時に、母親自身は居住するコミュニティを越えて、より広い世界から多くの情報や新たな知識を得る。今回の調査では、広いネットワークと深いネットワークでそれぞれ異なる機能を果たしていることが示された。深いネットワークは子どもを取り巻く関係性に関与する一方、広いネットワークは母親に多様な情報を与え、より社会的な行動や意識に影響を与えている。

　しかし、情報や知識を外部から得たとしても、それを子育てに生かしていくうえでは地域社会の力が必要だと実感されることもある。

　東京生まれで結婚後に都内の現在の地区に住んでいる専業主婦のBさんは、子どもを取り巻く生活環境に関心があり、インターネットと書籍を中心に勉強している。区報を見て情報を仕入れ、面白そうなものに申し込んでは学び、地域社会以外のことについてはネットで情報を得ている。そのように学ぶ意欲にあふれ熱心に取り組んでいる一方、身近な地域社会にはこれまであまり関わってこなかった。持ち家に住むようになった現在でも、町内会は回覧板を回すことと募金をすることぐらいで、近所の人とは挨拶をしたり見知った人と立ち話をする程度だったという。

　居住する地域には自分と同じ考えを持つママ友がいないと感じたBさんは、地域外に交流や学びの場を求めて暮らしていたが、子どもの生活に関して自分の考えを実現しようとした際、地域から離れていることで困難に直面することになる。

> なかなか普段ふれあうことがないので、もう少し地域に密着してる、そういう勉強会に行った方が。例えば、給食のことでちょっと学校に言いたいことがあったときに。ちょっとママ友に声かけて、「こういうことをちょっと不満に思ってるんで学校に言おうかなと思ってる」って言うと、なかなかそこで賛同が得られなくて。結局、1人で言ってみたりするわけですよね。

だから、地域の中で、もう少し一緒に勉強できて、一緒に何か、こう、訴えかけていけるみたいなところをやってかないといけないのかなって、今、そこを自分にもすごく、あの、試行錯誤中みたいな状況なんですけど。

　地域社会は生活の場であり、子どもはそのなかで生きている。それは子どもに対して情報を与えたり、子どもを見守る役割を果たしたりしているが、外から得られた多くの情報を生かし実現する力も生み出している。これは結束型SCとしてのコミュニティが持つ力といえよう。結束型SCと橋渡し型SCはそれぞれ異なる機能があり、その両者をうまく組み合わせることが重要だとBさんは自らの体験を通して語ったのである。

③　コミュニティとSC

　地域社会に関わりを持つ母親、地域との関係が薄い母親。新たに開発され建築されたマンションなど、新規住民が多いコミュニティでは地縁関係が選択的である度合いが高く、価値意識や年代が類似した、いわば同質的な住民が比較的多い。そのような地域では母親同士や子ども同士のネットワークも密なものになりやすい。逆に、同質性が低いコミュニティでは、世代が異なる住民が多いことでネットワークを構築しづらく地域社会に入り込めない母親もいる。

　母親個人の築き上げる地縁関係が強いか薄いかにかかわらず、コミュニティでの暮らしが子どもに与える影響についてはどちらも同じような感想を口にする。

　福岡市在住のCさんは専業主婦で、「ほとんどうちの仕事と子どものことに費やしてきた」。東京からの移住者であるため、友達づきあいや親戚づきあいはあまり行っていない。移住当初はマンションに同年代が多くいたため近隣との交流はそれなりにあったが、戸建てが多い地域に引っ越し後は世代が異なるためあまり近隣との交流はしていないという。姑もそれほど地域活動しないうえに、子どもが校区外に通っていたので子ども会での交流もあまりしていない。

　子どもには私立学校を受験させたり附属学校に入れたり教育熱心なCさんだが、現在心配しているのは、子どもの人間関係の部分だという。地域との関

わりが薄いことが子どもに与えるマイナスの影響について懸念している。

> ええと、子どもを育てていくうえで一番悩むのは、やっぱり今は人間関係なんですね。あの学業とかよりもですね。
> 昔みたいに仲いい友達とずっと遊ぶとか、うちが離れてる、いろんなとこから集まってくる学校なので。うちはもう地域で遊ぶということを2人とも知らないので。多分それで薄いなと。幼なじみというのがあまり。
> 例えば私が福岡に昔から住んでいたら。
> 福岡の方が深いと思います。福岡から住んでる方、幼稚園も自分が卒園した幼稚園に入れていらっしゃるお母様とか多いですし。その方と仲良くさせてもらうと、とてもその地域のことを大事にしていたりして。すごく深いです。

同じように子どもの人間関係に対する不安は長崎在住のDさんも述べる。Dさんは比較的密なつながりのある地域に居住しており、子ども同士の交流も盛んだという。地域の人が子どもを見ている目も実感しながら子育てを行っている。

> （うちの子は）1人っ子で。誰かと争ったり、けんかも多分したことがないような感じなので。なんていうか、こう、複雑な人間関係の脆弱さっていうのは、もしかしたらあるのかなっていうふうには思ってます。
> 私もあんまり厳しくは言わないし。おじいちゃん、おばあちゃんだって、ま、どちらかというと甘いんで。で、今、学校の先生も、そんなに厳しく言わない。
> 自分の職場に入ってくる若い子なんかも見てると、やっぱり自分の頃とは全然違って、こう、そういうことに打たれ弱いなっていう。
> だから、うーん、自分の娘も若干そういう社会に出てからでも、何か大きな壁にぶちあたったときにもそういう弱さちゅうのが出てこないかなって心配はありますね。はい。とくに、人間関係です。
> この頃、感じるのはやっぱり子どもにとってもいろんな人にかわいがって

もらうっていうことが、なんていうか、いい方向に向くのかなと。

　現代社会では子どもの学業だけでなくコミュニケーション能力や人間関係を構築する能力を親は気にかけている。友人関係は子どもにとっても貴重な財産であり、地縁関係が子どもの築く人間関係にとって重要だと考えていることがわかる。

　社会で成果を挙げるためには他者への共感能力を養い、協力する能力が重要である。それが生き抜く力でありそれに関わる資本がソーシャル・キャピタルである。デューイやL.ハニファンが示したこのような考えと同じトーンが現代の母親の言葉のなかに見出せる。その能力は家庭だけの力では養成することはできない。親族の絆が弱まり、学校もあまり子どもに口出ししなくなったことを実感している母親たちは、みずからが地域生活を営むなかで、コミュニティにその役割を期待している。

1）　個人的属性要因との関連では、表には示さないが、居住都市、就労しているか否か、結婚しているか否か、戸建てか否か、賃貸か否かといった属性と一般的信頼・互酬性の規範意識のクロスは有意とはならない。個人的属性要因で関連を見せたのは、学歴×一般的信頼のみである。
2）　なお、コールマンやパットナムは親の子どもへの働きかけを家族内の社会関係資本としている。子どもの視点に立つ場合にはそれを社会関係資本と見なせるが、ここでは親の視点に立つため、親の教育行動や意識をSCの定義からはずし、被説明変数とする。
3）　子どもへの働きかけ9項目について、4件法で尋ね、「あてはまる」「あてはまらない」の2つに分類した回答を用いる。なお、高校生の子どものみがいる場合は、子どもが中学生時のことを回答してもらっている。
4）　前項で取り上げた9つの教育行動の主成分分析を行った。第1主成分はすべての項目で正の値をとり、親の子どもへの教育的関与を表す成分と考えられることから、第1主成分得点を教育的関与の指標とする。

第6章　子どもの進学と母親のソーシャル・キャピタル

喜多　加実代

1. 教育格差とソーシャル・キャピタルに関する知見

　これまでの章で、我々は度々、ソーシャル・キャピタル（SC）が教育格差を縮小するのか、拡大するのか、そもそもSCとしてどのような社会関係が想定されているか、という問いがあることを指摘してきた。また、どのような社会関係が何に対して効果を持つのかといった問いがあることも述べてきた。本章で検討したいのは、進学＝学歴取得という教育達成に、母親のどのような社会関係、活動、子どもへの関与が影響するのかということと、また、それらが家庭の階層的要因（とくに世帯収入や親の学歴）とどのような関連を有するのかということである。

　SCとされるものも一様ではないが、教育達成や教育格差として検討されるものも、成績や学力テスト結果、学校適応、学歴など様々である。第2章は「SC研究を教育社会学がどのように受容し展開したか」を主眼としているが、本章は、先行研究で（研究によってはSCといわれていないものも含めて）教育達成に影響するとされた社会関係や子どもへの関与について概観し、我々の調査から、母親の社会関係等と子どもの進学との関連を検証することを目的とする。

　すでに第1章、第2章、第5章で学説が整理されているが、本章であらためて確認すべきは、先行研究が、具体的な変数として何を教育達成とし、何をそれに影響する要因としているかである。

　J. コールマンは、計量調査から、高校の中退率を減少させる家族「内」のSCと家族「外」のSCの変数として次のものを特定した。家族内のSCとして

は、1人親でないこと、子ども数（きょうだい）が少ないこと、親が大学進学を期待すること（親の進学期待は厳密にはSCではないとしつつ、親の教育的関与の代替的な変数としている）。家族外のSCとしては、転校回数（家族の地域移動）が少なく、子どもの親同士が知り合いであること、である[1] (Coleman 1988 = 2006)。これらは、世帯収入や親の学歴を統制しても中退率を減少させる、すなわち教育格差を縮小させる要因として指摘された。

他方、対比されるP. ブルデューは、学歴取得後の学閥のようなものとしてSCに言及し、学力（「言語能力」）や学歴取得に影響する親の教育的関与については、これを「文化資本」と命名し、高学歴な家庭の子どもが学力上有利になるあり方として概念化した（Bourdieu et Passeron 1970 = 1991）。また、文化資本として想定されているのは、子どもに勉強するよう言ったり、子どもの勉強を見たりする意識的で直接的な教育的関与以上に、会話における話題や言葉遣いのような無意識的で間接的な教育的環境である。

A. ラリューやP. ブラウンは、ブルデューの文化資本概念を踏襲しているが、ラリューは、家庭内の教育的関与のみならず、親の学校との関係や人間関係についても「文化資本」に含めて検討することを提案した。インタビューなどの質的調査から、中流階層の親には、親戚や知り合いに教育関係者がいることが多く、そこから情報を得たり教師と同じ価値観を有し親しく関わったりする傾向があり、それが子どもの学校での成功を高めることにつながるとした（Lareau 2003）。ブラウンは、就職に対する大学ランクの影響力が増し、学力以外の能力醸成のための教育投資も増えていることから、教育達成が、家庭の経済状態と親の期待や関与にいっそう依存するようになり格差が拡大することへの懸念を示し、それを「ペアレントクラシー」と呼んだ（Brown 1995 = 2005）。

R. パットナムも、近年の『われらの子ども』で、ラリューやブラウンの知見に近い状況を計量調査とインタビューから指摘している。すなわち、家庭の経済状態、学歴、人種の違いが、強い紐帯・弱い紐帯両方の多寡にも、親の学校との関わりや子どもへの関与にも格差をもたらしており、それが子どもの進学に影響するというものである。教育や就職の情報取得に有利なネットワークを大卒の親は有しており、また富裕な家庭の子どもはインフォーマルな助言者の数も多い。さらに、ステップ・ファミリーも増加するなか、1人親かどうか

だけでなく、ある程度安定した家族形態であるのか、親の再婚・同棲・再度の関係解消などで頻繁に家族形態が変わるのか、そもそも親が同居し教育的あるいは情緒的関与をするかどうかが、親の学歴や収入で分化している状況が示されている（Putnam 2015＝2017）。

　国内の研究では、コールマンの仮説と比較的親和性が高い志水宏吉らの研究が、小・中学生の学力（全国学力テストの成績）を分析し、親のSCが子どものSCを醸成し、かつ子どものSCが学力に結び付いて、家庭の経済状態による教育格差を是正する可能性を示唆した。家族や友達との関係の親密さ、地域活動への参加といった子どものSCの多寡は、親のSCの多寡と関連する一方、家庭の経済状態との関連は見られず、また、経済的下位層の子どもにおいて、子どものSCの多寡が成績と関連が強まる結果となったのである。親のSCとしては、夫婦間でのまたは親戚への子どもや教育に関する相談、PTA活動や学校行事への参加、地域活動への参加、身近に子どもを預かってくれる人の存在などが合成変数として用いられている。また、この分析の前段で、志水らは、県別の学力差を地域の社会関係から検討しており、親のSCは、個人財としてのみならず、集合財としての地域のSCとも関わることを志水らは想定しているといえよう（志水・中村・知念 2012）。

　他方、ブルデューの仮説と親和性が高い片岡栄美の研究は、小・中学受験に焦点をあて、受験を考えたり実際に受験させたりした親は、子どもの人脈形成のために学校選択や学歴取得が重要だと考え、価値観等での同質性を指向する割合が高く、地域の子ども会活動や自治会・町内会等の地域活動の参加は低いことを明らかにした。また、高学歴・高収入の家庭であることに加え、母親が専業主婦である場合に受験率が高くなっており、小・中学受験は「階層現象であると同時に、父母のジェンダー分業が有利に作用する、親の教育選択」であるとしている（片岡 2009：33）。

　平塚真樹は、英国の研究を参照し、従来の相互扶助的社会関係が衰退し、NPOやボランティアなど新たな社会関係が形成されるなか、新たな社会関係に参加できる階層とそうでない階層の差が拡大し、それが子どもの学力差や進路選択に転化する可能性を懸念する（平塚 2006）。ただ、その課題解決のために、地域や学校で平等に参加できるSCの形成を提案する点で、志水らの研究

の方向性と重なる部分はある。

　松岡亮二は、小学生の学校適応について、学校行事やPTA活動に親が参加することを親のSCとして検討した。学校行事への参加をSCとする点では志水らの研究と一部重なるが、松岡が分析した調査では、高学歴・高収入世帯において親のSCが高く、また、親のSCの高さが子どもの学校適応に影響し、むしろ不平等の再生産になる面があるとした（松岡 2016）。

2．本章における分析——進学とSC

　以上のように様々な社会関係や活動が、教育達成の様々な側面に影響することが示唆されているが、我々が実施した調査は、これら異なった仮説において様々に言及される社会関係、活動、親の教育的関与に関する質問をある程度含んだものになっている。第2章で指摘されたように、従前から研究されてきた家庭の教育環境や親の関与とは異なる社会関係に焦点をあてる意義を考えれば、家庭内の関係とSCは区別したほうがよいとも考えられる。また、ブルデューであれば文化資本と呼ぶであろう親の教育的関与までSCに含めれば、ブルデューにおける概念区分を侵犯することにもなってしまうが、ラリューの文化資本概念は社会関係に近いものを含む。近年の研究の問題関心は、得られた知見の相違はあれ類似してもいる。本章の目的は、先行研究で言及された様々な社会関係、活動などによって、子どもの大学進学に差が出るかどうか、また社会関係や活動と家庭の収入や親の学歴とがどのような関係にあるのかを検討することである。そのため、本章では、これらの関係をすべて包括するコールマンのSCを便宜的に採用する。「文化資本」については、以下の**4(4)**で分類する親の教育的関与の特定のあり方を示す下位分類を指すかたちで用いる。

　コールマンが、学歴（人的資本）、収入（経済資本）と区別して社会関係資本（SC）を概念化した理由は、親が高学歴で収入があっても、親の教育的関与につながらなければ子どもの教育達成には効果がなく、逆に、親の学歴や収入面で不利であっても親の教育的関与が子どもの教育達成を促進するという前提による。コールマンの研究関心は、親の学歴や収入の面で不利な層において、教

育達成を促すSCを探ることにあったといえようが、しかし、おそらくはこれを強調するために薄められているのが、どのような条件のもとで誰がそうしたSCに関わりやすくなっているのかという論点である。この点を考慮に入れるなら、コールマンがSCとした変数については、高学歴・高収入の家庭の子どもが親の教育的関与を通じて有利になるとするブルデューらの（文化資本による再生産の）仮説の検討にも開かれている。

以下の4(1)で、コールマンも言及した1人親について述べるが、そこで考えたいのはSCが単体として作用するものというより、制度を含む諸関係のなかで生成され、また諸関係のなかで見返りの多寡に結び付くということである。外延としてはコールマンのSCの定義を採用したが、本章では、このような含意も込めてSCを考えたい。どのような条件のもとでその生成に違いが生じ、見返りの多寡の違いとなるのかを考慮して「資本」という用語を使う点では、むしろブルデューの用法を踏襲したものといえる。

コールマンの議論は、ともすると、親の教育的関与なら親の学歴とある程度関連はしても意識次第で変えることができるという主張にもつながりかねない。それに対しては、格差是正を各家庭の努力にゆだねるに過ぎないという批判もありうる。ブラウンが親の教育的関与をペアレントクラシーと呼んで警鐘鳴らすのは、現在、教育に市場的な競争原理が導入され、公教育における平等な学力保証が軽視されるなかで、各家庭の自己責任が強調される背景があるからといえよう。その一方、SCによる格差拡大の傾向を指摘する論者もまた、社会保障や公教育の充実の必要性を主張するとともに、格差是正や平等化に資するSCのあり方を指向してもいる。特定の社会関係や活動が、どのように作用するかの判別は難しい課題だが、4以下では、先行研究で特定された社会関係や活動について、親の学歴や収入との関わりとともに、大学進学への影響という点から検討することとしたい。

3．進学格差

進学というかたちの学歴の取得は、純粋に学力と関連するのではなく、当人や家族の意志で選択されるものでもある。当人の意志や選択は尊重されるべき

であろうし、進学や学歴を無前提によいものとすることもできないかもしれない。しかし、とくに高校卒業後の進路選択には、家庭の経済状態、地域格差、男女格差が関わっていることもよく知られており、また、学歴取得は就業における安定や賃金格差と結び付いているために、まさに問題となるものである。佐藤俊樹が述べるように、「『学校がすべてではない』が現実（リアル）であれば、学歴を通じた主ルートのなかですべての不公平を解消しなくてもよい」が、現実には、賃金や社会的地位に対する学歴の影響が強まっている（佐藤 2000：84）。1975年と2010年を比較すると、賃金に対する学歴の効用は高まり、かつ、高卒／短大高専卒／大卒の三者間での賃金の等間隔差であったものが、高卒／短大高専の差が縮小し「大卒独り勝ち状態」になっているという（濱中 2013：3）。また、中学校の成績よりも学歴が賃金に影響を与えることも指摘されている（矢野 2014）。男女の差に関しては、第4章でも述べたように、女性の賃金の低さと就業継続の不確実さが女子の高等教育進学に抑制的に働くことが指摘されているが、地域によっても男女格差には違いがある。例えば、2016年度の（4年制）大学進学率は、進学率が最も高く男女差も相対的に少ない東京都では、男子73.6％、女子71.7％、進学率が最も低く男女差も最大の鹿児島県では、男子41.4％、女子30.1％と推計されている[2]。徳島県のみ女子の大学進学率が男子を上回っている。

本章では、我々が実施した調査から19歳以上の子どものいる回答者を対象に、第一子の進学状況と世帯収入や親の学歴との関係、そして、それらとSCとの関係を検討する。分析の対象にする19歳以上の子どもを持つ対象者は430票、母親である回答者の平均年齢は53.0歳（標準偏差4.4）、第一子平均年齢は26.4歳（標準偏差4.7）であった。2016年の学校基本調査の結果では、全国の大学進学率が男子55.6％、女子48.2％、本調査対象地である東京都、福岡県、長

表6-1　第一子進学状況と親の最終学歴（％）

	N（人）	高校まで	専門学校	短大・高専	大学	大学院
第一子男子	208	19.2	19.2	1.4	51.0	9.1
第一子女子	222	19.4	16.2	12.2	50.5	1.8
父親	368	41.2	5.1	2.8	41.0	3.6
母親（回答者）	430	51.8	12.8	22.6	11.4	1.4

表6-2　両親学歴別第一子進学状況（%）

両親学歴※	N(人)	第一子男子（N=208）			第一子女子（N=222）		
		高校まで	短大・高専・専門学校	大学以上	高校まで	短大・高専・専門学校	大学以上
両親とも専門学校まで	205	35.5	19.4	45.2	28.6	42.0	29.5
一方が短大・高専以上	123	8.3	28.3	63.3	14.3	19.0	66.7
両親とも短大・高専以上	102	3.6	14.5	81.8	4.3	8.5	87.2
χ^2検定				p<.001			p<.001

※父親不在・父親学歴無回答の場合は、父親を専門学校までとして集計。

表6-3　世帯収入別第一子進学状況（%）

	N(人)	第一子男子（N=202）			第一子女子（N=218）		
		高校まで	短大・高専・専門学校	大学以上	高校まで	短大・高専・専門学校	大学以上
200万円未満	33	42.9	21.4	35.7	31.6	42.1	26.3
200～400万円未満	97	38.0	22.0	40.0	31.9	40.4	27.7
400～600万円未満	103	10.2	24.5	65.3	18.5	31.5	50.0
600～800万円未満	73	20.6	23.5	55.9	23.1	20.5	56.4
800～1,000万円未満	51	3.6	17.9	78.6	8.7	26.1	65.2
1,000万円以上	63	0	11.1	88.8	2.8	13.9	83.3
χ^2検定				p<.001			p<.01

　崎県の進学率平均は男子55.3%、女子50.6%と推計されるが[3]、本調査の第一子の学歴は、大学以上の進学者が男子で60.1%、女子では52.5%であり、これらより若干高い数値である（表6-1）。さらに、調査時点の2014年に平均年齢が26.4歳であることからすれば、本調査の該当者の進学率はやや上方に偏っている。進学の地域差に関する考察は第7章の分析に譲るが、本調査の回答者データでは東京、福岡、長崎での大学進学率については統計的に有意な差は見られなかった。回答者である母親の学歴とその夫である父親の学歴も表6-1に併せて示したが、子ども世代で学歴の上方移動が生じている。

　両親学歴別、家庭の世帯年収別の進学状況については、表6-2、表6-3の通りである。大学進学に関しては後の表6-5に示すように、母親学歴より両親の学歴の組み合わせのほうが大きく影響することがわかったため、表6-2では、両親が専門学校まで／一方が短大・高専以上／両親が短大高専以上、という両親学歴別の進学状況を示した。母子家庭と父学歴無回答のケースは、便宜的に父親の学歴を専門学校までとして分類した。表6-2からは、両親が専

門学校までの層で男女差が大きくなることがわかる。また、表6-3の収入別で見ると、男子では、短大・高専・専門学校の比率はあまり変化せず、高校までと大学以上の割合が変化するのに対し、女子の進学状況は3者の間で段階的な変化が見られる。

4. 母親のSCと子どもの進学

1で言及した先行研究では、様々な社会関係や活動が教育達成に影響する可能性が示唆されていた。我々の調査では、こうした先行研究と関連して次のことがらを質問している。(1)家族構成（1人親、きょうだい数、祖父母同居）、親の就業状況。(2)町内会や諸団体への参加の有無、地域の知り合いの程度、個人的な相談をした相手といった、母親本人のSCに関する質問。(3)子どもが小さいときに預かってもらった先や教育情報や子育て相談の相手先など、子どもに関するSC。(4)親から子どもへの教育的関与に関する質問、である。以下では、これらと第一子大学進学との関係を検討する。また、それぞれの変数の影響は、男女で異なるため、男女別に結果を示す。

(1) 1人親、きょうだい数、母親の就業

先にも述べたように、コールマンは、高校中退に関する分析結果から、それに影響を持つ家庭内のSCとして1人親かどうかときょうだい数を挙げている。さらに、この1人親の影響の考察から、親が就業のために日中不在になることもマイナスの影響を持つことをコールマンは示唆している。父親の非就業は、多くの場合むしろ経済的困難につながりやすいので、これは実質的には母親の就業のマイナスの影響を示唆したことになるだろう。

本調査の結果では、19歳以上の子どもを持つ回答者（調査は女性のみを対象とした）のうちシングルマザーは16.5%であり、表6-4に示したように進学状況に有意な差がある。シングルマザー家庭は世帯収入も低くなっているため、もちろんその影響はあるだろう。しかし、世帯収入額、母親学歴、また祖父母同居を統制したロジスティック回帰分析の結果でも、10%水準ではあるが女子については大学進学への影響が見られた（表6-7女子・項目(1)）。分析結果は後

表6-4　シングルマザー／2人親別第一子進学状況（%）

	第一子男子 (N=208)				第一子女子 (N=222)			
	N(人)	高校まで	短大・高専・専門学校	大学以上	N(人)	高校まで	短大・高専・専門学校	大学以上
シングルマザー	35	40.0	11.4	48.6	36	19.4	50.0	30.6
2人親	173	15.0	22.5	62.4	186	19.4	24.2	56.5
χ^2検定			p<.01				p<.01	

の表6-7にまとめて示している[4]。第一子男子には大学進学への影響は有意でなかったが、高校卒業後の進学への影響は有意となったためその結果のみ記載した（表6-7男子・項目(1)）。

1人親家庭が教育達成上不利になる状況については、コールマン以降もアメリカで研究が蓄積され、国内でも、親の学歴や収入を統制しても、母子・父子家庭が2人親家庭に比べて進学に差が出ることがすでに指摘されている（神原2007, 稲葉昭英 2011, 余田・林 2011, 余田 2012）。教育達成における1人親家庭の影響については、それ自体大きな主題となってしまうが、神原文子は、ことに、社会保障でも就業でも2人親の性別分業家庭が標準となっている日本社会において、1人親家庭が不利を被りやすい状況を「社会的排除」概念から指摘し、それは地域社会のネットワークにも及んでいると述べた（神原 2007）。1人親であることが、家庭内SCだけでなく家庭外SCにも影響することを示唆したものといえよう。性別分業家庭を標準とする想定は学校教育にも存在しているといえ、それが休みを取りにくく長時間労働を要請する労働環境と重なるとき、1人親には、子どもと接する時間が限られ、学校行事への参加も子どもの持ち物や宿題への配慮も困難になる状況が生じる（赤石 2014）。1人親家庭の子どもが中学時点での学力でも不利になり、それが家の蔵書量と親との会話頻度の少なさと関連することを示唆した白川俊之（2010）は、国によってはシングルファザー家庭の影響は少ないとする研究にも言及している。この事態は、「家族内に大人が物理的に存在しているかどうか、そして大人が子どもに対して注意を払っているかどうか」（Colman 1988：111＝2006：225）とコールマンが述べたものより複雑である。「注意を払う」ための条件や、「注意を払う」ことが教育達成に影響する大きさは、社会制度や学校教育のあり方でも異なってくる。1人親に関する記述が長くなってしまったが、この事例を通して最初

に述べておきたかったのは、SC 自体が制度を含む諸関係のなかで働くあり方である。

　きょうだい数は、本調査では、男子の大学進学に10％水準でマイナスに作用する可能性が見られた。きょうだい数の多さについては、コールマンは親の関与の分散ととらえる一方、実は何を教育達成の変数とするかで影響が異なるとも述べている。つまり何を見返りとするかで、きょうだい数の効果や意味は変わりうる。現代の日本の大学進学については、同程度の世帯収入でもきょうだい数の多さは学費負担の問題となる可能性が高い。

　母親の就業については、本調査では、現在の就業の有無や就業形態いかんで子どもの大学進学に違いは見られなかったが、母親が継続して就業している場合に男子ではマイナスの影響の可能性が見られ（表 6-7 男子・項目(1)'）、最終モデルで有意でなくなっている。母親の就業については、コールマンが教育達成に対するマイナスの効果を示唆したほか、前述のように片岡が小中受験を指標として不利になる結果を提示した。その他、中学受験（岩田 2008）、通塾時間（平尾 2004）、学歴取得（Tanaka 2008）でも母親の就業が不利になる結果を示す知見がある一方（第4章参照）、パットナムは、アメリカの近年の動向として、高学歴層では就業する母親が増えているが子どもに関わる時間は減少せず、むしろ収入の増加によってとくに子どもの進学に有利になるとし、母親の学歴や職業による効果の違いを指摘する（Putnam 2015＝2017）。海外の先行研究レビューでは、教育達成の変数自体が多様であることもあるが、母親の就業の影響に関する見解は一致せず（小原・大竹 2009）、「どのような条件下で母親の就労が子どもに影響をもたらすのか」に研究関心が移行していると指摘される（中澤・余田 2014：183）。本章は大学進学に影響する SC 全般を検討することを目的とするため、これ以上踏み込むことはできないが、1人親について述べたことと同様の、諸関係のなかで機能する SC のあり方の検討が必要になるといえよう。

(2) 母親本人の社会活動や地域との関わり

　自治会・町内会や地域活動については、志水らの知見から、親がこれに参加することで子どもの SC と学力の形成に影響し、進学にプラスに働くことが想

定される一方、片岡の知見から、学歴取得に熱心な親が地域活動にはあまり関わらないことが想定される。しかし、本調査の結果としては自治会や地域活動への参加、また地域の知り合い多寡によって（質問内容については第5章、第7章参照）、第一子の大学進学に差は見られなかった。

ボランティア活動と趣味・スポーツ活動に母親が参加する割合は、世帯収入と両親学歴の高い家庭ほど高く、第一子が大学進学している場合に高かった。自発的な関心に基づく活動である点で、平塚のいう新たな社会関係に近く、格差が懸念されるものであったが、世帯収入と両親学歴を統制した分析では有意でなく、本調査の結果としては親の収入と学歴を反映した疑似相関と見てよいと思われた（結果の記載は省略）。PTA活動については、志水らと松岡が、ある意味では対立的な見解を提示しているが、調査時点の活動を聞く質問であったため、大学進学とPTA活動との関連は検証できなかった。では、現在小学生の子どもがいる回答者と中学生の子どもがいる回答者の場合に、母親学歴別、両親学歴別、世帯年収別で活動状況に差が生じているかといえば、本調査ではその差も見られなかった。

母親が個人的な相談を家族にする頻度については、母親本人のSCに該当するが、選択項目が子ども関係のSCと重なるため、次の(3)で併せて検討する。

(3) 子どもに関する情報源、相談、支援の相手

母親個人の相談先および子育て悩み相談や情報収集先として頼った相手やその多寡について、第一子男女の進学別に記したのが表6-5である。

表中の「家族（夫）」については(b)、(c)の質問のみ夫、他の質問では家族という選択肢としているため同一ではないのだが、家族（夫）、専門家・サービス機関、子どもを通じた友人・知人（表および以下では子ども関係友人と記す）で複数の項目にわたって第一子進学別で差が見られる。これらは、ラリューやパットナムの知見と一致して、世帯収入・両親学歴によって差が見られる項目も多い。そこで、表6-5では、第一子大学進学別に有意差があるが世帯収入・両親学歴別の有意差はない項目に下線を引いて示した[5]。

家族関係の項目でも(b)子どもを預けた先、(c)子育て悩み相談、で、男子女子とも進学別での差が見られるが、両項目は世帯収入・両親学歴とも関連があ

り、これを統制したロジスティック回帰分析では表6-7に示すように有意でなくなる[6]。そして、男子では、母親が家族に(a)自分個人の相談をする、女子では、母親が家族に(f)進路や職業情報を聞くという項目のみが有意になった(表6-7男子項目(3)、女子項目(3))。女子については進学と直接関わる項目で、男子については、母親である回答者と家族（夫）の関係性を示す間接的な項目での影響が見られた形である。男子への影響に関しては**4(4)**でまとめて言及する。

専門家・サービス機関への情報収集や相談は、ラリューらの指摘する高学歴の親の態度に近いものであると思われる。回帰分析の結果では女子にのみ有意となった。男子についてはインターネットでの情報収集の項目にも差が見られ、これも高学歴・高収入層が利用する傾向があるが、回帰分析の結果も有意

表6-5 母親が相談、育児支援、教育情報収集で頼った相手（第一子男女大学進学別）

		(a)自分個人の相談先			(b)子どもの面倒が見られないときに預けた先			(c)子育て悩み相談		
		短大・高専まで	大学以上		短大・高専まで	大学以上		短大・高専まで	大学以上	
家族（夫）(注)	第一子男子	77.1%	96.0%	***	39.8%	61.6%	**	71.1%	83.2%	*
	第一子女子	94.3	91.4		50.9	67.2	*	66.0	82.8	**
専門家・サービス機関	第一子男子	―	―		8.4	12.0		12.0	7.2	
	第一子女子	―	―		10.4	12.1		4.7	19.8	***
子ども関係友人	第一子男子	26.8	36.6		24.1	35.2	+	54.2	60.0	
	第一子女子	26.0	36.3		17.9	36.2	**	45.3	57.8	+
近所の人	第一子男子	15.9	17.1		13.3	12.0		8.4	10.4	
	第一子女子	10.8	15.8		17.0	20.7		12.3	12.1	
学校時代友人	第一子男子	<u>24.4</u>	<u>40.3</u>	*	1.2	0.0		18.1	21.6	
	第一子女子	28.0	32.5		1.9	0.0		8.5	16.4	
職場の人	第一子男子	48.8	52.8		1.2	0.8		15.7	16.0	
	第一子女子	46.5	55.4		1.9	0.0		17.9	13.8	
インターネット	第一子男子	2.4	0.8		―	―		1.2	1.6	
	第一子女子	2.0	0.9		―	―		3.8	4.3	
相手先計平均（※）	第一子男子	7.10	9.08	***	1.86	2.40	**	2.64	3.01	
	第一子女子	7.96	8.28		1.97	2.50	**	2.51	2.92	+

N：第一子男子短大高専まで(83)、第一子女子短大高専まで(106)、第一子男子大学以上(125)、第一子女子大学以上(116)
(a)については「よく相談した」「たまに相談した」回答者のパーセンテージ、(b)~(f)は相手先として選択した回答者のパーセンテージを記載した。
注：子どもの預け先、子育て悩み相談先については夫、他質問は家族の選択肢。
χ^2検定：+ p <.10、* p <.05、** p <.01、*** p <.001　　※：相手先計平均についての有意確率はt検定による。

第6章　子どもの進学と母親のソーシャル・キャピタル　129

であった（表6-7項目(3)）。とはいえ、相談などでのインターネット活用は少ない。インターネットやSNSは従来と異なる形の結び付きによるSCの資源となりうるものの、ここではむしろ本や雑誌と類似の情報源となっているかもしれない。

　子ども関係友人に関しては、階層的に不利な家庭や地域で子どもの見守りの機能を想定するコールマンと、人脈形成を想定するブルデューの解釈では異なる意味を持つだろう。とはいえ、子どもの友だちに気を配る際には両者が混在するかもしれないし、現在、「ママ友」という言葉が流通するほどさらに特有の関係性もあるかもしれない。表6-5では10％水準の有意差まで取ると、女子にはほぼ一貫して進学別での差が見られる。興味深いことに、やや手段的な

(d)通う園や学校の情報			(e)習い事や塾の情報			(f)進路や職業の情報		
短大・高専まで	大学以上		短大・高専まで	大学以上		短大・高専まで	大学以上	
49.4%	47.2%		32.5%	35.2%		59.0%	71.2%	+
<u>42.5</u>	<u>54.3</u>	+	34.9	29.3		58.5	73.3	*
32.5	40.8		12.0	28.8	**	34.9	51.2	*
30.2	49.1	+	19.8	35.3	*	34.0	50.0	*
<u>62.7</u>	<u>74.4</u>	*	69.9	72.8		31.3	34.4	
<u>60.4</u>	<u>71.6</u>	+	<u>59.4</u>	<u>74.1</u>	*	<u>24.5</u>	<u>37.1</u>	+
45.8	43.2		26.5	30.4		2.4	3.2	
39.6	42.2		<u>21.7</u>	<u>32.8</u>	*	<u>1.9</u>	<u>6.9</u>	+
15.7	16.8		7.2	6.4		9.6	13.6	
6.6	13.8	+	0.0	10.3	***	3.8	9.5	
12.0	16.8		8.4	8.0		9.6	9.6	
16.0	16.4		<u>4.7</u>	<u>14.7</u>	*	8.5	12.1	
4.8	8.8		1.2	12.0	**	1.2	15.2	*
5.7	9.5		4.7	7.8		9.4	15.5	
2.60	2.81		1.72	2.08	*	1.67	2.22	**
2.32	2.92	**	1.70	2.25	**	1.68	2.29	**

(d)〜(f)の教育情報収集の項目のほうには両親の学歴・収入差はないのだが、(b)子どもを預けた先、(c)子育て悩み相談先、の子育て支援的な項目で高学歴・高収入層が子ども関係友人を頼る傾向がみられる。そこで、(b)・(c)の計と(d)〜(f)の計を分けて分析に投入したところ、(d)〜(f)の計のみが有意となった（表6-7項目(3)）。

(4) 子どもに対する教育的関与

回答者である母親自身とその夫である父親の教育的関与をまとめたのが表6-6である（表6-6以下では、第一子を省略し、男子、女子とのみ記載する）。

子どもに対する教育的関与については、ほとんどの項目で世帯年収・両親学歴での差が見られ、世帯年収・両親学歴別で差のない項目に下線を引いて示した。母親の関与は項目相互の相関も高いものも多く、回帰分析を行う前に、因子分析を行って項目をまとめた。第一因子を文化資本因子、第二因子を教育投資因子、第三因子を課外活動因子とし、回帰分析ではこの因子得点を変数として分析した（表6-7男子項目(4)・女子項目(4)）。表6-6ではいくつかの項目で男女とも差が出ているが、女子でのみ文化資本因子が有意となった。

他方、父親の関与のほうは、表6-6でも女子では有意差はない。回帰分析では、男子で「勉強をみた」の項目のみが有意となった（表6-7男子項目(4)）。先に(3)で、男子については、母親が(a)自分個人の相談を家族にしている項目が有意となったことを見た。(a)項目で、進学別で差が出ているのは男子のみで、とくに家族のみ差が大きいことから偶然の可能性もあるものの、これは父親の学習支援をうながす家庭環境を示唆する可能性もある。神原の研究は、夫婦関係満足度が高いと父親の子育て関与が高くなることを指摘しており（神原2004）、ラリューも父親の教育的関与が母親のコーディネートを通じて行われる傾向を指摘している。父親の子育てや教育への関与は、母親の子どもへの関与を減らすよりは、母親の関与のうえになされる面があるのである。

5．進学に対するSCの混交的効果

(1) 進学格差に対するSCの混交的効果

表6-7最終モデルに総合した結果を示したが、**4**でも述べたように、そも

第6章　子どもの進学と母親のソーシャル・キャピタル

表6-6　親の教育的関与（第一子男女大学進学別）

		短大・高専まで	大学以上		母親の教育的関与因子分析※		
					文化資本因子	教育投資因子	課外活動因子
母親（回答者）の関与							
子どもに本を読むよう勧める	男子	68.8%	80.5%	+	.749	.215	.006
	女子	66.3	88.5	***			
子どもとニュースの話をする	男子	64.9	81.4	*	.712	.259	.035
	女子	67.4	87.6	***			
子どもに地域の図書館や体育施設を使わせている	男子	63.6	66.1		.468	.105	.310
	女子	60.4	66.4				
子どもの食べるものの食材や産地に注意する	男子	63.6	82.2	**	.397	.299	.211
	女子	66.7	81.4	*			
子どもを厳しくしつけている	男子	44.2	58.5	+	.304	.146	.295
	女子	61.1	65.5				
小中受験を考えた	男子	28.9	45.8	*	.135	.669	.007
	女子	35.4	56.6	**			
教育のために多少高額でもお金を出す	男子	63.6	82.2	**	.200	.512	.235
	女子	72.9	85.8	*			
子どもの友人関係をよく知っている	男子	85.7	88.1		.167	.369	.242
	女子	86.5	87.6				
子どもの勉強をみる	男子	59.2	56.8		.268	.357	.130
	女子	57.3	56.6				
子どもの課外活動やチームに関わる	男子	67.5	75.4		.029	.136	.651
	女子	61.5	77.0	**			
父親（夫）の関与							
おむつがえをした	男子	44.2%	47.1%				
	女子	40.4	46.9				
子どもをお風呂に入れた	男子	62.3	76.5	*			
	女子	71.6	75.2				
子どもの食事の世話をした	男子	43.4	54.6				
	女子	51.6	49.6				
勉強をみた	男子	21.1	38.7	*			
	女子	30.5	26.5				

「あてはまる」「よくあてはまる」とした回答者のパーセンテージ。
※因子分析については、最尤法バリマックス回転による結果を示した。
χ^2検定：＋ $p<0.1$、＊ $p<0.05$、＊＊ $p<0.01$、＊＊＊ $p<0.001$

表6-7 男女別第一子大学進学に関する項目のロジスティック回帰分析

男子 (N=202)

	項目(1)※		項目(1)'		項目(3)		項目(4)		男子最終モデル	
	B	標準誤差	B	標準誤差	B	標準誤差	B	標準誤差	B	標準誤差
世帯収入額(単位:百万円)	.326	.095 **	.234	.062 ***	.164	.062 **	.192	.062 **	.200	.065 **
両親学歴	.282	.148 +	.653	.333 +	.707	.352 *	.582	.343 +	.620	.357 +
母親教育年数										
子ども人数	-.642	.268 **	-.409	.216 +						
シングルマザー	-1.157	.503 *	.040	.438					-.461	.230 *
祖父母同居	.137	.557	-.088	.427						
母親就業継続	.701	.741	-.966	.484 *					-.458	.532
表6-5										
(a)個人相談・家族					.590	.210 **			.559	.217 *
(b)+(c)預け先・子育て相談夫					.293	.221				
(b)〜(f)計 子どもを通じた友人					.117	.146				
(b)〜(f)計 専門家・サービス機関					-.042	.157				
(e)+(f)インターネット					1.341	.631 *			1.477	.685 *
表6-6										
母・文化資本因子教育的関与							.113	.174		
母・教育投資因子教育的関与							.209	.183		
母・課外活動因子教育的関与							.001	.162		
父・子どもの風呂							.009	.170		
父・子どもの勉強をみた							.420	.194 *	.342	.166 *
定数	-2.155	2.013	-.205	.612	-2.914	.687 ***	-1.802	.554 **	-2.134	.833 *
-2対数尤度	153.143[a]		234.611[a]		216.428[a]		231.710[a]		209.627[a]	
Nagelkerke R2乗	.304		.224		.322		.241		.355	

女子 (N=218)

	項目(1) B	項目(1) 標準誤差	項目(1)' B	項目(1)' 標準誤差	項目(3) B	項目(3) 標準誤差	項目(4) B	項目(4) 標準誤差	女子最終モデル B	女子最終モデル 標準誤差
世帯収入額(単位：百万円)	.186	.057 **	.175	.057 **	.174	.056 **	.154	.056 **	.171	.056 **
両親学歴	.625	.140 ***	1.684	.326 ***	1.674	.347 ***	1.718	.336 ***	1.725	.352 ***
母親教育年数	.097	.196	.100	.202						
子ども人数										
シングルマザー	-.915	.473 +	-.391	.464						
祖父母同居	.221	.412	.063	.422						
母親就業継続	-.143	.471	.036	.460						
表6-5										
(f)進路情報収集家族					.739	.377 +			.718	.365 *
(b)+(c)預け先・子育て相談夫					.083	.227				
~(f)計 専門家・サービス機関					.292	.142 *			.257	.144 +
(d)~(f)計 子どもを通じた友人					.374	.168 *			.434	.168 *
表6-6										
母・文化資本因子教育的関与							.397	.173 *	.357	.175 *
母・教育投資因子教育的関与							.240	.177		
母・課外活動因子教育的関与							.289	.180		
定数	-9.172	1.877 ***	-2.009	.652 **	-3.395	.588 ***	-1.734	.372 ***	-3.334	.575 ***
-2対数尤度	242.049ª		239.012ª		223.255ª		230.677ª		219.086ª	
Nagelkerke R2乗	.321		.335		.405		.372		.422	

両親学歴：両親とも専門学校まで0, 一方または両親が短大・高専以上1。シングルマザー：ふたり親0, シングルマザー1。祖父母同居：子どもの祖父母いずれとも同居していない0, 同居している1。母親就業継続：非継続者0, 継続者1。文化資本因子等因子については, 因子得点。

※高校以上への進学の有無を従属変数とした分析結果を示した。

+ p<0.1, * p<0.05, ** p<0.01, *** p<0.001

表6-8 (d)～(f)子ども関係友人への情報収集得点平均(第一子男女大学進学別)

		N	男子	N	女子
両親とも専門学校まで	短大・高専まで	51	1.608	79	**1.430**
	大学以上	42	1.714	33	**2.091**
	合計	93	1.656	112	1.625
一方または両親が短大・高専以上	短大・高専まで	32	1.688	27	1.481
	大学以上	83	1.867	83	1.723
	合計	115	1.817	110	1.664

太字箇所でのみt検定：p<.05

そも世帯収入や両親学歴と関連するSC項目もそれなりに多い。世帯収入自体や、女子では両親の学歴は大学進学に強く影響したままである。また、男子では、母親が家族に(a)自分個人の相談をする、(e)+(f)の情報収集をインターネットで行う、父親が勉強をみた、の項目すべては両親学歴別での差も出ている項目である（父親が勉強をみた以外の2項目は世帯収入別の差もある）。女子では、文化資本因子、(c)～(f)計での専門家・サービス機関利用が、世帯収入・両親学歴で差のあった項目である。この結果と、家族関係の項目や親の教育的関与項目が多くなった点では、ブラウンのいうペアレントクラシーも懸念される。

女子の場合、一方では、男子以上に両親学歴の影響も大きく、家族への進路情報収集や文化資本的教育関与が有意になる点で、親の影響がより強く働く可能性もあり、それについては第7章でも言及する。しかし他方で、この家族への進路情報収集と、子ども関係友人は階層的差がない（少ない）項目である[7]。各カテゴリーのN（人数）が少なくなるうえ、子ども関係友人のみでの結果であるため慎重であるべきだが、表6-8に示すように、この得点平均は、男女とも両親学歴別の得点平均には有意差がなく（世帯収入別は省略したが同様に差がない）、両親専門学校までの女子においてのみ大学進学者と非進学者の差が見られる。つまり、この項目は、大学進学に最も不利な層で進学促進的に働いているとも考えられる。

ある意味では当然かもしれないが、ラリューやブラウンらが言及する両親学歴などと関連が強いSCや教育的関与と、コールマンや志水らの格差是正的な仮説によるSCとがともに影響する、先行研究の両方の知見を反映した混交的で両価的な結果ともいえよう。

(2) 男女の大学進学格差と SC の見返りの差異

　大学進学に有意な項目は、男女で異なる傾向も示された。男子には世帯収入の影響が、女子には両親学歴の影響が大きく、男子では父親が勉強をみる、女子には母親の文化資本的関与が有意である。1つには、男子―父親、女子―母親という、親と子どもの性別の関係が考えられる。ただ、ここでも注意すべきは、両親学歴別に頻度は異なるものの、父親は男子女子同様に子どもの勉強をみており（表6-6）、母親が家族から進路・職業情報を得る割合、子ども関係友人から教育情報を得る割合も（表6-5、表6-8）、それ自体に男子と女子で差があるわけではないということである。第一子の男女別のみでなく、子どもが男子のみの家庭、女子のみの家庭、男女がいる家庭別に検討しても有意差は見られない（ただし、母親の文化資本的関与のみは、女子に対して多くなされている）。つまり、親としては同様の関わり方をしていても、男子と女子とでは、進学に対して異なる効果が生じているのである。

　N. リンは、SC の不平等の2つの過程があることを示唆している。すなわち、①投資や機会が異なることによる資本の不足＝資本の損失、②資本の量や質が異なる見返りに成果をもたらす＝見返りの損失、である（Lin 2001＝2008）。ここまでの分析では、大学進学者と非進学者別の、また世帯収入や両親学歴別の投資や機会の違い（①）に注目して検討してきたが、男子と女子では、進学への効果・見返り（②）が異なることが想定される。

　そもそも男女には大学進学率に差があり、労働市場における女性の賃金の低さや就業継続の不透明さが進学抑制的に働くことが指摘されている（ただし、統計的には、女子でも大卒による賃金や就業安定の効果が示されている）。女子にとって、進学は、稼得能力を高めること以上の、またはそれ以外の意味や動機を求められるものになりがちであり、それが、男子以上に親の学歴や文化資本的な教育的関与の影響が強くなる一因かもしれない。周囲に進学者が少ないほど、また経済的にゆとりがないほど、進学の意味は強く問われるだろう。酒井朗らは、商業高校という進路が多様な高校での生徒へのアクション・リサーチから、その生徒たちに「男子は保護者に経済力があればなんとなくといった気持ちでも進学できるが、女子は明確な目的がなければ自他ともに進学が許されない」（酒井編 2007：132）という雰囲気があることを指摘する。我々の調査結果

では、母親の子ども関係友人とのつながりが女子の大学進学にプラスの影響を示したが、これは家族の影響以外のところで、母親に女子の大学進学への視野を広げるSCを意味するかもしれない。子ども関係友人は、4(3)でも述べたような曖昧さや両義性があるが、5(1)で述べたように、階層的に不利な層で効果を有している可能性もある。

先にも述べたように、SCは単体としてというより、制度を含む諸関係のなかで生成され、また諸関係のなかで見返りの多寡に結び付く。1人親や母親の就労のみならず、どのような条件のもとで特定のSCが影響するかを問うていく必要があると思われる。

1) 実は実際の計量調査の変数となっているのは、学校の公立／私立の種別と、私立校が宗教系か否かである。宗教系の私立校での中退率が低いことをコールマンは親同士の結び付きと想定しており、親同士のつながりは実際の変数ではなく仮説である。しかし、親同士が知り合いであるという閉じたネットワークや強い紐帯の有効性はコールマンのSCの核になる想定である。
2) 学校基本調査の2016年の大学入学者を分子とし、同調査2013年の中学校・中等教育学校前期課程卒業者数を分母とする推計値である。
3) 各県の人口が大きく異なるため、平均値の平均を計算した。
4) 以下の分析では、第一子大学進学への影響の大きさから、表6-7(1)以外は母親のみの学歴でなく両親の学歴の組み合わせを変数とした。しかし、組み合わせの便宜上、父親の不在や無回答を父親が専門学校までにカウントしたため、シングルマザー家庭の影響を弱く見積もる可能性があり、表6-7(1)では母学歴（教育年数）を用いた。世帯収入と就学歴（両親学歴の場合も母親教育年数の場合も）のステップと、1人親、きょうだい数、母親就業継続を加えたステップとの比較では、実は係数の変化は有意でなく、1人親、きょうだい数については10％の有意水準であり、影響はないという判断もありうる。また、婚姻状況（離死別）、祖父母同居、就業については、調査時点の状態を尋ねたため、進学決定時やそれ以前の状態とは、ずれが生じている可能性もある。しかし、懸念される影響を強めにとらえておきたい。
5) 両親学歴については、両親専門学校まで／それ以上の分類で、世帯年収については、400万円未満／400〜800万円未満／それ以上の分類によるクロス集計を行い、どちらの項目もχ^2検定が5％水準以上になるものに下線を引いて示した。
6) (b)・(c)計を入れた結果のみを示したが、(b)のみ(c)のみで分析しても有意ではなかった。
7) 家族への進路情報収集は、世帯収入別で有意差が出るため下線を記していないが、シングルマザーの影響が想定され、2人親の回答者だけの比較では有意差はなくなる。

第7章　地域移動とソーシャル・キャピタル

石川　由香里

1．問題の所在

　この章では、子どもへの教育行動ならびに子どもの学歴達成に対し、母親の地域移動がもたらす効果について検証していきたい。第1章でまとめられていた通り、J. コールマンもR. パットナムも、家族の地域移動は子どもの養育と社会統合のいずれに対してもマイナスに働く要素としてとらえていた (Coleman 1988＝2006, Putnam 2000＝2006)[1]。転校に伴う子どものストレスや受験の不利益などを考慮し、家族ぐるみの転勤ではなく単身赴任が選ばれることが多いのも、そうした意識が存在していることを裏づける経験的行為だといえる[2]。

　けれども親の地域移動が階層の上昇移動を伴う場合には、地域移動を経験したことが子どもの地位達成に関し、プラスに働く場合もあることも予測される。例えば地方に生まれ育った母親が大都市に移動し、そこで教育加熱の実態を目にすることによって焦りを感じ、教育投資をふんだんに行った結果、子どもの地位達成が果たされるかもしれない。一方、大都市で教育加熱を経験した母親が地方都市へという逆コースにおいては、移動先に合わせた教育行動をとるのか、それとも大都市での意識を引きずるのかについて、両方の可能性が想定される。地方でのんびりと人生を送ることを子どもに勧める場合も、経済的に豊かな生活や地位達成を目指し大都市の競争社会に戻るべきだと移動をうながす場合も考えられるからだ。その選択は、母親自身の定住意識も関わってくるだけに微妙といえるが、インタビュー調査から得られた次のAさんの発話は、大都市での経験を基準として保持し続けることで、子どもの移動をうながす例にあたる。

>結婚した当時は東京におりました。で、娘が生まれる年に福岡のほうに。主人の仕事の都合で。主人は地元が福岡で、仕事で東京に。……（中略）……でも向こうから来たものですから、もう東京に行く分にはもう、『どんどん行ってください』っていう感じで、娘も、「行きたい、行きたい」と。（49歳、専業主婦、専門学校卒、子ども2人）

　Aさん自身は出身地の東京で福岡出身の夫と出会い、結婚後は福岡で暮らし続けてきた。会話に登場する娘は東京の大学に進学した後、それを休学しつつワーキング・ホリデーの形でオーストラリアに留学を遂げている。そうした地元からの離脱を進める姿勢は、福岡からの移動を経験したことのない次のBさんとは、対照的である。

>できれば、うーん、地元に残ってほしいけど、やっぱりそれは、うーん。無理はできないので。まあ行かせられる、応援できるのは、経済的なものもあるんですけど。（35歳、常勤、高卒、子ども3人）

　Bさんの発話に見られる経済力の有無も、子どもを他の地域に進学させるか否かの判断において多大な影響を与えていることは間違いない。実際、東京在住者の間に子どもが地方大学に進学する可能性が想定されていなかった理由は、大学数の圧倒的な違いだけでなく、家から通学できるのであればそれが経済性にかなっていることもある。しかしそうした経済的制約や学歴期待における地域差、階層差を超えるかたちで、親自身の移動経験が子どもの進学に影響することがあるのかということをテーマに、この章では検証していきたい。
　女性の地域移動に関しては、移動する女性の階層特性、あるいは階層移動への効果について検証した先行研究群が存在する。1995年のSSM調査を分析した三隅一人（1999）は、女性の地域移動の主因が就学や就職であるよりは、結婚と配偶者の移動・転勤等にあることを示した。そして女性にとって長距離移動は必ずしも階層的地位達成に対する促進因とはならず、離職・再就職というプロセスのなかで女性を不安定な就労形態下に置きやすい一方で、地方の高階層出身の長女が県外移動で高学歴を取得して専門職分野でUターン就職する

パターンにも注目している。

　また西野淑美（2006）は、2004年に女性を対象として行われた全国調査の分析から、非大都市圏出身者は他出することによって大都市圏出身者並みの学歴が獲得されるのに対し、大都市圏出身者は実家にいながら同じくらいの学歴を獲得できていることを明らかにした。その一方で持家取得にあたっては、出身地を離れていない場合、大都市圏出身者では「親資源」の作用は弱いのに対し、非大都市圏出身者では女性でも「親資源」という基盤がある程度機能している可能性があることなど、出身地による機会のハンディの存在が示された。さらに朴澤泰男（2015）では、地方出身者の場合は4年制大学を出なくとも、大都市圏に移動して結婚すれば、地元で結婚していたよりも高い世帯収入が期待できることが示されている。

　これらの先行研究に共通していることは、大都市圏から地方へであっても、地方から大都市圏への移動であっても、地域移動とはいずれも比較的高階層において生じやすい現象であり、その後の地位達成にも移動が有利に働いているとする点にある。そこから敷衍すれば、親の地域移動は子どもの地位達成に対してもプラスの効果を生み出す可能性が指摘できる。さらにそこには単なる階層の影響だけでなく、移動によって母親のネットワークや就労状況にもたらされる変化の影響、つまりはソーシャル・キャピタル（SC）を通じて子どもへの教育行動や学歴取得の強化が行われているのではないかということが、この章で検討したい仮説である。

2．子育てに関する地域差

　まず議論の前提として、子育てに関わるSCにいかなる地域差が存在するのか、概観しておく。近隣との関係について、3つの調査地間には次のような差が見られた。町内会長、民生委員、商店街や店、隣近所といった地域の人々との間柄について、「親しく話をする」を1、「会えば挨拶をする」を2、「顔や名前は知っているがほとんど関わりがない」を3、「知らない」を4とし、その平均値を比較したところ、全般に都市規模が大きくなるほど、近隣との関わりは希薄であった。とくに町内会長については東京が3.75と「知らない」人が

多くを占める数値であるのに対し、長崎は3.05で「顔や名前は知っている」状態にある。「隣近所の人」についても東京2.01、福岡2.00とほとんど違いがないが、長崎は1.86と差が見られる。東京におけるコミュニティの疎遠さについては、新たにできた分譲マンションに入居した次のCさんの例がよく物語っている。

> かといって、でも、住んでいる方とのつながりっていうのは、全然、全くなく。年に1回一応、管理の集まりが。最近、5月ぐらいにあったんですけど、今回うち、初めてだったので出席したら、ほんとに出てきた人が、3人とか4人。役員の方とあと、うちと、もう1軒ぐらい。主人に出てもらったんですけど。そのぐらいの人数だったっていうぐらい、びっくりしちゃって。「分譲だよね、ここ」っていいながら、「みんな、関心ないんだね」っていいながら。(51歳、専業主婦、大卒、子ども1人)

しかし子育てに関連するSCに関しては、少々状況が異なる。確かに町内会はじめ生協やボランティアなど11項目についての加入団体の平均数は、都市規模が大きいほど少ない。しかし個人的相談相手の数には3都市間に違いは見られない。逆に子育てSCについては、園や学校の情報源の数、塾や習い事情報源の数、子どもの面倒が見られないときに預ける相手の数、それらのいずれにおいても東京の平均値が最も高く、長崎が最も低い。有意差は見られないものの進路や情報源の数、子育ての相談相手の数についても同様の傾向が示されている。この結果は、都市化が子育てを困難にしているという定説に対し、もちろん困難であるからこそ必死に情報を得ようとSCを駆使しているという解釈も成り立ちうるものの、少なからぬ疑義を呈するものだといえる[3]。

各地域における教育行動については、次の表7-1のような点で違いが見られた。「子どもの勉強を見る」「子どもの小中学校受験について考えたことがある」割合については福岡・長崎に比べ東京が高い。その要因として私立小学校・中学校の数の明らかな差が存在し、教育の選択肢の地域差は大きいことが挙げられる。ただし「子どもの教育のためなら多少高額であってもお金を出している」を肯定する割合に地域差は見られない。

表7-1　地域別教育行動（%）

	東京	福岡	長崎	有意確率
子どもの勉強を見る	70.7	62.2	58.6	**
子どもの小・中学校受験について考えたことがある	63.0	31.2	48.0	***
子どもの友人関係についてよく知っている	88.1	85.3	84.1	
子どもの教育のためなら多少高額でもお金を出している	78.5	74.3	72.6	**
子どもの課外活動やクラブチームの活動に関わる	58.1	61.3	70.5	**
子どもの食べるものの食材や産地に注意する	76.8	74.0	75.2	
子どもに本を読むよう勧める	86.3	77.4	79.6	*
子どもとニュースの話をする	76.7	69.3	67.8	*
子どもを厳しくしつけている	61.0	56.5	62.6	
子どもに地域の図書館や公民館、体育施設を使わせている	73.3	56.9	60.7	***

＋ p＜0.1、＊ p＜0.05、＊＊ p＜0.01、＊＊＊ p＜0.001

　勉強以外の面では、「子どもの課外活動やクラブチームに関わる」割合が長崎に群を抜いて多いのは、地域文化の特徴のように思われる。また「子どもに本を読むように勧める」「子どもとニュースの話をする」について、東京の数値は福岡・長崎より、ともに7〜8ポイントほど高い。「地域の図書館や公民館、体育施設を使わせている」についても東京で高いが、これは1つには親の教育意識の高さを反映した結果といえる。なぜなら母親の学歴や年収を統制して検討したところ、いずれも低い層においては地域差が見られなかったのに対し、高い層において差が生じていたからである。とはいうものの、公共施設の面で東京が恵まれていることの影響もまた、無視することはできない[4]。いずれにせよ教育環境の地域間格差は歴然と存在していることに変わりはない。

　学歴取得に関してはどうだろうか。教育の地域間格差は進学率の格差問題として論じられることが多い。地域の職業・学歴構成の違いは1970年代から注目を浴び（友田 1970）、その規定要因として所得階層格差（近藤 2001）や大学収容力の地域間格差（佐々木 2006）、大都市部へのアクセス性に起因しながら同時に地方エリートを作り出す仕組みである地域トラッキング（吉川 2001）などについて論じられてきた。

　とくに大学進学率の違いについては東京と地方とで大学の数に差があり、自宅から通学可能な東京と、移動を必要とする地方とではコストに違いがあり過ぎることが原因として挙げられてきた（林 2002）。しかし東京と地方との学歴

期待の差の大きさはとくに女子に顕著であることから、大学数やコストの問題だけでなく、ジェンダーが絡んでいることはいうまでもない（中西 1993）。この調査においても4年制大学以上への進学を期待する割合は、地域差については女子では東京が83.3％であるのに対し福岡59.7％、長崎62.0％と差が見られる。長崎では男子への進学期待は81.8％で、ジェンダー差も見られた。しかし実際の4年制大学進学割合にはジェンダー差も地域差も見られなかった。

　男子に比べ女子に対する学歴期待が低い理由は、学卒後の就業継続年数が短いことによって生じる学歴効用の低さによってのみ説明されるわけではない。石川由香里（2011）では、娘の出産から親の老後までも視野に入れたかたちで、「女子を地元にとどめる」親の教育戦略があることを指摘した。しかし地方から東京へと移動している母親たちは、自らがその圧力に逆らって行動したジェンダー変革的な存在であり、そのことが娘の進学をうながす資源になっている（石川 2009）。そうした母親の意識や行動変容に社会関係資本のあり方は何らかの影響を与えているはずである。次節では地域移動の有無によって、SCのあり方がどのように異なるのか、移動地域別に探っていきたい。

3. 母親の地域移動と子育てサポート

　母親の地域移動のパターンによって、社会関係資本にはどのような違いがもたらされているのかを確認してみよう。男性が地域移動を行うケースには、主に本人の進学・就職を機に地方から大都市へ移動するパターンと、職業経歴のなかで一時的に地方への転勤を伴いながらも最後は大都市に落ち着くパターンとに集約されやすい。女性はそこに結婚による移動というパターンが加わる。また男女とも、いったんは移動しながら元の地域に戻ってくるUターンも一定程度存在する。ちなみに国立社会保障・人口問題研究所の第7回「人口動態調査」による県Uターン者の割合は、男性14.5％、女性12.2％となっている。

　しかしUターンしてきた場合と、全く異なる都道府県から移動してきた場合とでは、子育てにおける親族の関わりは当然異なると思われる。したがってどこからどこへの地域移動が行われた場合に、子育てにいかなる影響が生じるのか、詳らかにする必要がある。ちなみに表7-2には、これまでの移動経験

表7-2　地域別移動経験

		現住所			合計
		東京	福岡	長崎	
これまでの地域移動について	生まれてからこれまで今と同じ市区に住んでいる	33 8.5%	50 11.3%	122 28.2%	205 16.2%
	市区は異なるが、生まれてからこれまで今と同じ都県に住んでいる	62 15.9%	128 28.9%	86 19.9%	276 21.8%
	今住んでいるところとは異なる都道府県出身である	196 50.3%	156 35.2%	75 17.4%	427 33.8%
	今の都県生まれだが、かつて他の都道府県に住んだことがある	99 25.4%	109 24.6%	149 34.5%	357 28.2%
	合計	390	443	432	1,265

についての地域別の結果を示した。東京は他の道府県出身者が多いのに対し、長崎は半数近くが県内出身者で占められており、福岡はその中間に位置するものの県内での移動率が比較的高いという特徴を示す。

表7-3　各地域の移動状況

	東京	福岡	長崎	有意確率
移動経験者の割合	295 75.6%	265 59.8%	224 51.9%	***
子育て中の移動の割合	49 18.5%	43 14.0%	33 10.4%	*

$+ p<0.1$、$* p<0.05$、$** p<0.01$、$*** p<0.001$

上記移動経験のうち、「今住んでいるところとは異なる都道府県出身である」と「今の都道府県生まれだが、かつて他の都道府県に住んだことがある」と回答した者を『移動経験者』とし、また「今住んでいる都道府県に住んで、のべ何年ですか」という質問に対する回答が第一子の年齢よりも短いものについて『子育て中の移動』として、子育てと移動の関係を示したものが表7-3である。いずれにおいても移動経験者は、東京、福岡、長崎の順に多い。子育て中の移動についても、大都市ほど多い点は同じである。

子育てをする際に、親の手を借りられないことの影響は大きい。以下の表7-4は末子18歳以下を対象に、移動経験と家族に子どもを預けた経験との関係を見たものである。東京でずっと同じ区内に住んでいるケースでは「自分の親」に預ける割合が高く、逆に「配偶者・パートナー」に預ける割合と「配偶者の親」に預ける割合が低い。しかし都内であっても居住地域に移動があると、「配偶者の親」に依頼する割合は格段に多くなる。「配偶者の親」が他県出

表7-4　地域移動状況別子どもを預けた経験の地域比較（％）

		生まれてからこれまで今と同じ市区に住んでいる	市区は異なるが、生まれてからこれまで今と同じ都県に住んでいる	今住んでいるところとは異なる都道府県出身である	今の都県生まれだが、かつて他の都道府県に住んだことがある	有意確率
配偶者・パートナー	東京	50.0	72.3	71.5	64.9	
	福岡	55.6	56.0	67.2	65.8	
	長崎	48.9	61.5	70.5	54.7	+
自分の親	東京	85.0	78.7	49.2	75.3	***
	福岡	81.5	81.3	48.7	74.7	***
	長崎	77.8	72.3	54.1	61.3	**
配偶者の親	東京	20.0	51.1	34.6	27.3	*
	福岡	11.1	35.2	33.6	29.1	
	長崎	27.7	41.9	36.8	28.6	+

＋p＜0.1、＊p＜0.05、＊＊p＜0.01、＊＊＊p＜0.001

身の場合にも依頼先となっているのは、夫の地元に妻が移動してきたパターンが一定程度含まれているためだと推測される。それに対しUターンの場合には、「配偶者・パートナー」や「配偶者の親」よりも「自分の親」に依頼する傾向が強い。福岡については、「配偶者・パートナー」に対する地域移動の影響はあまり見られないが、「自分の親」に依頼するのには、福岡県から移動していないことが条件となる。長崎では、Iターンの場合に「配偶者・パートナー」への依存度が高く、非移動またはUターンの場合には「自分の親」を頼る割合が高い。

　移動者のSCの特徴は町内会の加入率が低いなど、地域集団への包摂がされにくい傾向にあることだ。すでに見たようにとくに東京では隣近所の人との付き合いが少なく、地縁に基づくSCが形成されにくい。地域移動はその傾向を加速し、例えば東京で「町内会」に加入していると答えた割合は非経験者でも40.9％にとどまるのに、移動経験者はそれよりもさらに低い28.5％である。ただし「PTA」や「地域生協」など、子育てに関わる集団への加入には移動の有無による差は見られない。また相談相手の数や子育てにおける情報源の数などについても、いずれの地域も移動経験の有無による差もなかった。

　ところが長崎においてはむしろ移動経験者に対し、近隣が子育てのSCとして果たす役割が大きい。過去1年間に個人的なことを「近所の人」に相談した

とする割合は、非経験者が14.6％であるのに対し、移動経験者は23.3％と高くなっている。子どもを通わせる園や学校についての情報も「近所の人」から得たという割合は、非経験者が31.4％であるのに対し経験者では47.5％と大きくなっている。さらに子どもの面倒が見られないときに「近所の人」に預けた割合でも、非経験者が9.6％に過ぎないのに対して経験者は倍の18.0％が面倒を見てもらったことがあると回答している。

インタビューでも、長崎では地域についての情報を持たない相手に対して近隣がサポートしている状況が語られた。Dさんは長崎出身ではあるが、大学進学で九州内の他県に移動し、結婚後長崎に戻ってきた方である。居住地域は実家とは離れていたために、新たにそこで地域の人々との関係を築いている。

> 町内会も入ってますね、子ども会に。子どもの親しい子ども、お友だちから誘われて入ってますね。で、そこで一生懸命されてる方がいらっしゃって、よく夏休みはどっかに連れて行ったり。キャンプに行ったりさせてもらって。（42歳、常勤、大卒、子ども1人）

子どもへの教育意識については、福岡と長崎の移動経験者は非移動者に比べて学歴期待が12～15ポイント程度高い。とくに女子に対して4年制大学以上を期待する割合は、東京では移動の有無による差はないのに対し、福岡と長崎では非移動者よりも移動者に高く、結果として全体で移動者78.3％非移動者67.3％と、10ポイントほどの差が生じている。男子についても同様に、移動者の87.5％に対し非移動者は76.5％と、10ポイント以上の差が見られる。親の学歴期待には階層の影響が現れることを考慮し、母親の学歴を統制したところ、福岡と長崎で高卒以下の場合において15～20ポイントの差で、移動経験者の学歴期待が高かった。ただし、親が実際に行っている教育行動については移動経験の有無による大きな差は見られない。唯一差が示されたのが、「子どもの教育のためなら多少高額でもお金を出している」とする割合が、長崎では経験者76.7％に対し非経験者68.1％だった。

実際の学歴達成については、4年制大学以上に進学した第1子の割合が、いずれの地域においてもおしなべて移動経験者のほうが高く、全体では60.5％と

49.4％という差となった。移動者の人数そのものが少ないので留保が必要ではあるが、とくに長崎では女子に大きな差が見られ、移動経験者は54.1％あるのに対し、非経験者では34.1％であった。逆に東京の男子は、統計的に有意ではないものの、移動経験者68.1％に対し非経験者77.8％と唯一逆転した数値が示された。さらに階層を統制し検証したところ、長崎の母親学歴が高卒以下の層において、移動者の42.3％に対し、非移動者は21.2％であった。したがって、移動を経験している地方都市の母親たちのアスピレーションは、とくに学歴階層の低い層において明らかに高められており、母親の「地域移動効果」が働いていると見なすことができる。

とくに男子よりも女子の学歴取得に対しより大きな影響が出ている理由としては、将来選択において女子のほうが親の意向をくみやすいためかもしれない[5]。東京在住のEさんは、娘は父親の夢を継ぐ形でアメリカに留学を遂げているのに対し、息子は同様の願望を持っていないことを、次のように語った。

> でも息子は行きたくないみたいなんですけどね。同じ環境なのに、「どうして」って思う。だから、すごい不思議なんですよね。同じ環境なのに。
> （50歳、常勤、専門学校卒、子ども2人）

4．子育て中の地域移動と子育てSC

以上、母親の地域移動経験は教育意識に関連していることがわかったが、子育て中の移動は、教育行動により直接的な影響を与えると考えられる。そこで以下では、子育て中の移動の有無による違いを見ていく。

子育ての社会関係資源に対して地域移動が与える影響のうち、子育ての相談相手については次のような結果が得られた。まず個人的な相談相手の数について、非移動者の平均相手数が3.28人であるのに対し移動者は2.82人と、移動者で少なくなっている。具体的な相談相手として最も選択されているのは「パートナー・配偶者」であり、相談している割合は全体の8割に上るが、そこに地域移動による差は見られなかった。同時に移動によって、実際の子育てへの関わりや家事に「パートナー・配偶者」がより関与するという結果も得られな

かった。たとえ子育て中の地域移動がストレスをもたらすことが予想されても、母親中心に子育てが行われる状況には、何ら変わりないことを示している。

　子育ての相談相手として「配偶者・パートナー」に次いで多く選ばれているのは「自分の親」であり、5割強という数値を示す。「自分の親」にも地域移動による差は見られない。距離が離れていても電話等を通じて相談できることがその理由として考えられる。「職場の人」が相談相手となる割合が非移動者の20.6％に対して移動者では13.6％と少ないのは、地域移動が就労継続を困難にするためだと考えられる。実際のところ、就労を中断した割合は非移動者が78.6％であるのに対し、移動者は95.2％に上る。また、「学校時代の友人・知人」への相談についても非移動者の22.7％に対して移動者は14.4％と少ない。とくに長崎における数値は23.9％対12.1％と差が大きく、物理的距離が心理的距離をも広げている様子がうかがえる。例えば地域移動を経験して長崎に戻ってきた長崎のDさんは、子どもを通じた母親同士の付き合いについて、次のように語ってくれた。

　　小中学校同じ友だちに会って話しするなかで、自分が戻ってきてっていうことがわかって。ま、だからといってそれから親しくしてるってことは、なかなか。元々住んでた場所と違う所に住んでるので。うん、それよりも子どもの学校の付き合い、お母さんの付き合いのほうが多いですかね。
　　（42歳、常勤、大卒、子ども1人）

　一方、子どもの面倒が見られないときの依頼相手については、物理的距離の影響を大きく受ける。「自分の親」に依頼した割合は、非移動者の67.6％に対し移動者は56.0％で、頼りにくい状況にあることがわかる。その代替となっているのが「子どもを通じた友人・知人」であり、非移動者の23.5％に対して移動者は40.8％と、かなり高い割合に上っている。つまり、地域移動をした結果、家族以外の第三者との間に活用可能なネットワークが築かれていることがわかる。また「専門家やサービス機関」を利用する割合が長崎では低く、東京の21.9％、福岡の15.1％に対し9.9％にとどまっている。その差は移動者の場

合にいっそう顕著で、東京での利用経験率が24.0％あるのに対し、長崎の移動者では6.1％に過ぎない。前節で長崎では移動者に対する近隣のサポートが手厚いことについて触れたが、行政をはじめとする専門サービスの不足を地域が補っている側面がそこにはあるのだといえる。

　子育て情報の取得に関しては、園や学校の情報源の平均数について非移動者が2.95人であるのに対し移動者は2.68人と少なかった。そもそも全体の傾向として移動者は近所の人に相談を持ちかけている割合が少なく、子どもを通わせる園や学校については地元の人が詳しいと予測されるのだが、だからといって移動者のほうが多く相談しているという結果とはなっていなかった。

　自分の子どもに対する個別の教育行動については次のような違いが見られた。「子どもの勉強を見る」と答えた割合は、東京と福岡ではそれぞれ72.8％対59.2％、64.1％対47.5％と非移動者に高いのに対し、長崎は56.1％対82.1％と、逆に移動者において高かった。子育て中に長崎に移動した人は、福岡や東京などより大きな都市からの移動者が多く、その際の経験をもとに子育てに臨んでいる人が多い（石川 2011）。また「子どもの小中学校受験を考える」割合は、いずれの地域においても移動者のほうが高くなっており、全体では非移動者45.3％に対し移動者55.6％と10ポイントほどの差が見られた。そのほかの項目については移動者と非移動者の間にほとんど違いは見られないなかにあって、「地域の図書館や公民館、体育施設を使わせている」割合について、長崎では非移動者59.0％に対し移動者79.3％となっていて、移動前の地域の文化が持ち込まれている様子がうかがえる。

　子育て中の移動に絞って見た場合、いずれの地域においても、女子に対する学歴期待を「4年制大学以上」とする数値に差が見られ、移動者では82.5％と非移動者の73.0％よりも10ポイント近く高くなっている。男子については、東京における移動者が77.8％であるのに対し非移動者では92.9％と差は大きいものの、統計的に有意であるとはいえなかった。他方、実際の学歴取得については全体数が少ないために留保を必要とするが、男子について長崎で移動者の81.1％と非移動者の53.2％の間に大きな差が見られた。女子ではいずれの地域においても移動の有無による差は見られなかった。

　地域によってもこのように男子と女子とで異なる結果が得られる背景には何

があるのだろうか。福岡のFさんは親が転勤族であったため、各地を移動し、結婚後は福岡に落ち着いている方で、家庭はジェンダーについて非常に柔軟な態度で子育てに臨んでいるのに対し、幼稚園生活ではジェンダーが重視されていることにギャップを感じている。

> なるべく、男女もですけど、まあ上下もあんまりへだてはしないので。だから、うちは、「お兄ちゃん」、「お姉ちゃん」っていう呼び方はいっさいしないんですよ。まあ1回、幼稚園の園長先生に指摘されたことがあって。幼稚園に入ったときに、下の子が上の子の名前を、「お兄ちゃん」じゃなくて、「トシ」って呼び捨て、ずっとしていたんですね。それはちょっと、「幼稚園の生活のなかではどうかな、その呼び方はどうかなと思うんです」とはいわれたことがあるんですけど。「呼びなさい」っていわれても、もう呼べないんですよね、下の子たちは。(37歳、パート、大卒、子ども3人)

こうした周囲の人々とは異なる移動者の教育方針は、地域のあり方に一石を投じることになるだろう。しかし逆に地域のSCの規範面に従わざるをえない場合もある。例えば冒頭に紹介した福岡のAさんは、自身は就労したかったが、子どもが生まれたら仕事を辞めるのは当たり前であるという、周囲の圧力に屈した形となった。

> 私は自分は仕事をずっと続けたかったんですけどあのやっぱり、福岡の「あれ、なんか、なんで仕事続けてるの」みたいな感じがもうひしひしと感じて。子どもを産んだときからですね。こういういい方はちょっと悪いんですけど、辞めざるをえなかった。お友だちもみんな専業主婦だったり。なんでなんだろうと思いながら。家族ですね、最初は、はい。家族からそういうのを感じるので、辞めざるをえなかったという感じですかね。私が就職してるところはもう、ちゃんと産休や育休を取って、復帰するのが当たり前みたいな会社だったので、ましてや福岡に戻されたみたいなかたちになったので。(49歳、専業主婦、専門学校卒、子ども2人)

Aさんの場合、勤務する企業の側には出産後も仕事を続けられる制度や環境を整っていたにもかかわらず、とくに夫の側の家族のいる地域に居住したことで、思う通りのライフコースを選択できない状況が生じた[6]。女性の就労継続を阻むのは、公的社会のあり方ばかりではない。私的なネットワークがマイナスに働くケースも存在するのである。Iターンの形で地方都市に移動したAさんにとって、地域のジェンダー規範は自己実現を阻むものであり、娘には同じ思いをさせたくないという思いの結果が、子育てにも反映されていたのではないかと推察される。

5．地域移動は子育てをどのように変化させるのか

以上の分析結果から、少なくとも次のようなことがいえる。

子育てSCには地域差があり、東京では専門家やサービス機関を多く利用できるが、それの少ない地方は不利な状況に置かれている。長崎の移動経験者に対し近隣が子育てのサポートをしている様子が浮かび上がったが、それは地域が豊かなSCとして生きていることの証としてプラスに評価できる一方、近隣とのネットワークがうまく築けない場合には専門家やサービス機関という他の代替物が少ないために、より困難を抱えやすいことも意味している。また母親の移動経験は、就労継続を困難にすることも手伝って、彼女をしてより強く母親役割に邁進させ、子どもの教育にコミットさせる。おそらくそのことによって女子に対しても学歴期待が高くなるのではないだろうか。

最後に、男女別に高学歴期待に関する2項ロジスティック回帰分析を行った結果が、表7-5-1および表7-5-2である。モデル1には階層変数として母親教育年数、世帯年収、それとこの章のテーマである地域移動の有無を投入した。モデル2には地域移動への階層の影響を統制するため、交互作用項を投入した。教育年数、世帯年収についてのスコアについては第5章と同様である。モデル3には子どもの教育に関わるSCとして最も広い年齢層をカバーする質問文と考えられる子どもを通わせる園や学校についての情報源のうち、「家族」「近所の人」「子どもを通じた友人」の選択の有無をダミー変数化し、それぞれ投入した。

表7-5-1　高学歴期待に関する2項ロジスティック回帰分析（男子）

	モデル1 B	モデル1 標準誤差	モデル2 B	モデル2 標準誤差	モデル3 B	モデル3 標準誤差
世帯年収	0.002	0.001***	0.001	0.001	0.001	0.001
母親教育年数	0.243	0.096*	0.320	0.152*	0.341	0.155*
地域移動の有無	0.596	0.287*	1.417	2.467	1.603	2.504
教育年数×地域移動			−0.129	0.196	−0.143	0.199
世帯年収×地域移動			0.002	0.001	0.002	0.001
子どもを通わせる園や学校についての情報―家族					0.011	0.298
子どもを通わせる園や学校についての情報―近所の人					−0.315	0.299
子どもを通わせる園や学校についての情報―子どもを通じた友人・知人					0.140	0.321
定数	−3.137	1.215**	−3.685	1.887*	−3.898	1.918
−2対数尤度	314.599[a]		312.589[a]		311.423[a]	
Nagelkerke R2乗	.159		.167		.171	
N	439		439		439	

+ p<0.1、* p<0.05、** p<0.01、*** p<0.001

表7-5-2　高学歴期待に関する2項ロジスティック回帰分析（女子）

	モデル1 B	モデル1 標準誤差	モデル2 B	モデル2 標準誤差	モデル3 B	モデル3 標準誤差
世帯年収	0.002	0.001***	0.002	0.001**	0.002	0.001**
母親教育年数	0.620	0.109***	0.606	0.174***	0.609	0.174***
地域移動の有無	0.493	0.262+	−0.004	2.826	0.200	2.837
教育年数×地域移動			0.018	0.222	0.006	0.223
世帯年収×地域移動			0.001	0.001	0.001	0.001
子どもを通わせる園や学校についての情報―家族					0.299	0.264
子どもを通わせる園や学校についての情報―近所の人					−0.612	0.270*
子どもを通わせる園や学校についての情報―子どもを通じた友人・知人					−0.023	0.300
定数	−8.665	0.000***	−8.330	2.182***	−8.291	2.247***
−2対数尤度	370.915[a]		370.662[a]		364.239[a]	
Nagelkerke R2乗	.324		.324		0.342	
N	457		457		457	

+ p<0.1、* p<0.05、** p<0.01、*** p<0.001

表7-5-1は男子についての結果であるが、モデル1では世帯収入、母親教育年、地域移動効果のすべてが高学歴期待を高める方向に働いていた。しかしモデル2で交互作用項を投入したところ、地域移動の有無の影響は見られなくなった。つまり、地域移動は階層と連動する形で行われており、したがって階層の影響を超えるかたちで地域移動効果が働いているとはいえない。さらにモデル3からは唯一影響を与えているのは母親の教育年数だけであり、男子の学歴期待に対しSCは影響を与えないという結果が読み取れる。もともと男子への学歴期待が非常に強いことから、階層差もSCの影響も目立たないのだと考えられる。

表7-5-2は女子について男子と同様の変数を投入した結果である。モデル1では男子と同様、世帯収入、母親教育年、地域移動の有無の影響がともに見られる。モデル2で交互作用項を投入すると地域移動の効果が消えてしまう点も男子と同様である。男子と大きく異なるのは、世帯収入の影響がモデル3においても強く残る点にある。そして近所の人への相談が高学歴期待に対しマイナスに働いていることは、近所の人から情報を得ようとすることと女子に対する地元志向とがつながっていることを示唆している。

こうした学歴期待は実際の学歴取得という結果につながっているのか、第一子19歳以上のサンプルを選び検討した結果が表7-6-1ならびに表7-6-2である。ここではより学歴取得に結び付くSCとして、子どもの進路や職業についての相談先を投入した。

まず男子の結果である表7-6-1から、学歴期待の場合と異なる点として挙げられるのは、世帯収入の影響がすべてのモデルにおいて見られることである。一方母親教育年の影響は学歴期待の場合に比べ小さく、モデルが進むにつれ影響が見られなくなる。また教育に関するSCはほとんど影響を与えていない。したがって男子の進学は、経済状況と本人の学力や意思によって決められている面が多いのだと考えられる。

女子についての結果は男子とは大きく異なる。モデル1では世帯収入ならびに母親教育年がともに強い影響を与えているように見える。しかし世帯年収の影響はモデル2さらにモデル3となるに従い小さくなっていく。対照的に母親教育年は強い影響を示し続ける。また、モデル2以降では、地域移動の有無な

表7-6-1　子どもの学歴4大以上に関する2項ロジスティック回帰分析（男子）

	モデル1		モデル2		モデル3	
	B	標準誤差	B	標準誤差	B	標準誤差
世帯年収	0.002	0.001**	0.003	0.001*	0.003	0.001*
母親教育年数	0.176	0.103+	0.048	0.186	0.025	0.189
地域移動の有無	0.003	0.325	-2.082	2.837	-2.577	2.887
教育年数×地域移動			0.183	0.224	0.227	0.001
世帯年収×地域移動			-0.001	0.001	-0.001	0.001
子どもの進路や将来の職業についての情報—家族					0.399	0.333
子どもの進路や将来の職業についての情報—近所の人					0.739	0.983
子どもの進路や将来の職業についての情報—子どもを通じた友人・知人					0.039	0.345
定数	-3.195	1.303*	-1.7344	2.386	-1.739	2.361
-2対数尤度	241.715[a]		240.996[a]		238.998[a]	
Nagelkerke R2乗	.169		.173		0.185	
N	200		200		200	

+ $p<0.1$ * $p<0.05$、 ** $p<0.01$、、*** $p<0.001$

表7-6-2　子どもの学歴4大以上に関する2項ロジスティック回帰分析（女子）

	モデル1		モデル2		モデル3	
	B	標準誤差	B	標準誤差	B	標準誤差
世帯年収	0.002	0.001***	0.002	0.001+	0.001	0.001
母親教育年数	0.586	0.137***	1.062	0.274***	1.268	0.301***
地域移動の有無	0.479	0.317	9.150	4.040*	12.086	4.382**
教育年数×地域移動			-0.752	0.317*	-0.990	0.346**
世帯年収×地域移動			0.001	0.001	0.002	0.001
子どもの進路や将来の職業についての情報—家族					1.262	0.380***
子どもの進路や将来の職業についての情報—近所の人					1.277	0.881
子どもの進路や将来の職業についての情報—子どもを通じた友人・知人					0.643	0.369*
定数	-9.006	1.777***	-14.644	3.512***	-18.409	3.943***
-2対数尤度	243.013[a]		235.323[a]		216.660[a]	
Nagelkerke R2乗	.300		.336		0.419	
N	215		215		215	

+ $p<0.1$、* $p<0.05$、** $p<0.01$、*** $p<0.001$

らびに教育年数と地域移動の交互作用項の両方に有意性が示されている。このとき、地域移動自体は女子の高学歴取得にプラスの効果を示すのに対し、教育年数との交互作用項はマイナスを示している点は注目される。これは、教育年数の低い母親の場合ほど、地域移動が4年制大学進学に促進的なことを示しているからである。そしてモデル3からはSCが女子の学歴取得に対し一定の役割を果たすことが見て取れる。女子の進学は父親の意向によって左右されると同時に、地域から得られるSCも促進的に働くと考えられる。

　以上の結果から次のように結論づけることができる。母親の地域移動は男子よりも女子の学歴取得に大きな影響をもたらす。それは階層を乗り越えるかたちで働いている。一方、男子については、学歴期待や学歴取得に対する地域移動の与える影響もSCの影響も小さい。これは男子への期待と投資に地域差がないことの証左でもある。女子の学歴取得については、母親自身の学歴の影響が大きいことに併せ、家庭外のSCのもたらす効果が存在する。そのことからも、母親の地域移動は、少なくとも学歴取得については男子よりも女子に対し大きな意味を持っているのだといえる。

1) これは、優先される社会規範とは何なのかという問題と絡んでいる。コミュニティ再生の鍵として社会関係資本をとらえるパットナムの立論からすれば、コールマンと同様に地域移動によりコミュニティの規範から離れ、学歴取得への関心という個人主義に向かうことはマイナスにとらえられるだろう。しかしブルデュー的な見方に従えば、文化資本の取り入れを図ることは家族の再生産戦略であり、社会の上位文化に統合されることであるととらえることもできる。
2) 厚生労働省による2004（平成16）年就労条件総合調査によれば、転勤を必要とする企業数割合は29.2％であり、「有配偶単身赴任者がいる」企業数割合は19.6％となっており、1,000人以上の企業で81.0％、300〜999人で66.8％、100〜299人30.3％、30〜99人9.8％と規模が大きくなるほど多くなっている。1企業の有配偶単身赴任者平均数は15.0人である。また国立社会保障・人口問題研究所の第7回「人口動態調査」によれば、過去5年間における男女別・現住地への移動理由を見ると、女性では「家族の移動に伴って」という理由が14.6％で、男性のちょうど倍の数値である。ただし第6回の17.6％からは低下しており、これは男性の「職業上の理由」による移動が18.2％から20.1％に増加していることを考えると、単身赴任の増加のためであると推察できる。
3) 厚生労働省も地域子育て支援事業を推進する理由として「核家族化や地域の希薄化などにより、家族や地域の中での子育ての知恵や経験を共有することが難しく、子育てに周囲の助けを求めにくくなっている状況」を挙げている。(www.mhlw.go.jp/bunya/kodomo/pdf/gaido.pdf)
4) 例えば調査地となった東京N区では71.4万人に対し13の図書館を有する。福岡市のH区は22.9万人の人口に対し県の中央図書館に加え2つの区の図書館を持つ。それに対し長崎市は44.38万人に対し市の中心部に県立と市立の図書館2館を有するほかは各地域の公民館等に図書室が併設されているという状況である。

5) 2013年に全国PTA連合会が行った第6回「高校生と保護者の進路選択に関する調査」によれば、進路の相談相手として母親を選択している割合は男子79.2％に対し女子は86.9％である。さらに母親から影響を受けているとする割合は男子41.1％に対し女子45.5％となっている。しかも経年変化を見ると、男女とも母親の影響は強まっている。(www.zenkoupren.org/active/shinroishiki_haifu20140208.pdf)

6) ただし3歳児神話に関しては、自身の就労継続状況の影響が大きいためか、とくに福岡の移動者にこれを支持する割合が高かった。

第8章　誰が子どもの食に配慮するのか？
―― 母親の抗リスク消費とソーシャル・キャピタル

中西　祐子

1．問題の所在

　いちおう、生協で、農薬の少ないものを買うようにしているんですけれども。やっぱり今のこの放射能がっていう時代よりはまだ緩かったと思います。今のお母さんのほうがずっとたいへんだと思います。

　食のこととか、医療のこととか。社会のこととか。いろいろ、母親が考えていかないと。いろいろ子どもを守っていけないことがたくさんあるので。

　しょうがなくやってる感じですね。食べ物ないし。「おなかすいた」っていわれるし。子どもがいるからやるのかなっていうふうには思います。1人だったら。食べ物も適当になるだろうし。

　2015年夏から冬にかけて、我々が行った母親たちへのインタビューでは、子どもたちの食生活に気を配る親たちの姿が随所に見られた。現代の親たちがわが子の人生に望むことがらは、何も学業や学歴の達成だけではない。子育て中の親たちが日々配慮することがらのなかには、子どもたちが健康で安全な生活を送ることも含まれている。
　実は、「家庭で毎日何を食べるかということに関心が払われるようになったのは、歴史的に見れば比較的新しいこと」(小山静子　1999：161)である。子ど

もの食の安全性をめぐり現代の母親たちがこれほどまでの責任を感じる背景には、近代以降の日本社会が作り上げてきた母親規範の存在がある。大正期の生活改善運動は、主婦たちに高水準の家事を要求するものでもあったが、そこでは新中間階級の主婦たちに「食物に関する知識の向上」が求められ、家族の健康のために栄養素などの「科学的」知識が不可欠であることが強調されていた（小山 1999：156-161）。今日でも、食の安全性についての意識の持ち方にはジェンダー差が見られ、食材を選ぶ際に「鮮度」「安全性」「国産」「栄養価」に注意すると答えた女性は男性よりも多い（農水省 2016：23）。「子どもの心身の健全な発育のために必要だから」と食育に関心がある者も女性のほうが多く、なかでも子育て世代が多く含まれる30～40代の女性の関心は高いものであった（農水省 2016：9）

　子どもたちが口にする様々な食品に親たちが注意を払わなければいけないという考えは歴史的に構築されたものに過ぎない。しかしながら現代日本社会に住む母親たちは、そこにさらに従来とは異なるタイプの「健康リスク」への不安が加わるという困難に直面しているようである。今世紀に入ってから、人々が食の安全面に意識を向けせざるをえない事件が日本国内では立て続けに起きている。2003年の食品安全基本法の制定は、雪印集団食中毒事件（2000年）やBSE感染牛問題（2001年）を受けて成立したものであるし、その後も、名産品の賞味期限・消費期限偽装問題（2007年）や東日本大震災に続いて起きた福島第一原発事故（2011年）後の内部被ばく問題をめぐる議論など、日常的に市場に出回っている食品の安全性に100％の保障はないという認識が広がっていった。

　もちろん以前から親たちは、アレルギーを持つ子どもがいればその食品に配慮していただろうし、成長期の子どもたちがいれば栄養バランスに気をつかった献立を考えなければというプレッシャーも抱えていたかもしれない。だが、今日の食と健康をめぐる問題の困難さは、それが誰にとってもリスクとなりうる問題であることにあり、アレルギーのように「これを食べたら必ず健康被害にあう」という因果関係が明らかになっていないところにある。すなわち、ドイツの社会学者U.ベックが指摘したところのリスク社会そのものの到来である。そして科学の不確実性についての認識が広まる一方で、「素人たちのリス

ク認知に関する語り」(柄本三代子 2014：521) がそれとはまた別の次元で流通してもいる。様々な情報が錯綜する日常生活のなかで、リスクを回避するためには、もっぱら個々人が自ら信じられる情報を見つけ出し、何を食べるかを自ら選択していかなければならない自己責任の時代に突入しているのが現代社会といえる。

　冒頭で紹介した「今のお母さんのほうがずっとたいへん」という発言は、こうしたリスク社会のなかで子育てに携わらざるを得ない現代の母親たちの状況について、子育てが一段落した母親から発せられた言葉であった。子どもたちの将来のためにその学力形成や進学先の選択に大きな関心を寄せている現代の親たちは少なくないが、それと同様に、子どもたちが将来にわたり健康を維持できるように、食品の安全に留意した「抗リスク消費」(間々田孝夫編 2015：4) を行うことに大きな関心を寄せている親たちもまた少なくない。

　では、いったいどのような親が、子どもの食べ物により注意を払う傾向にあるのだろうか。子どもの学力形成や進学先の選択に関する親の関与が、親の属性によって違いが見られることについては、これまでいくつもの研究が指摘してきた。一方、どのような親が子どもの食の安全性により配慮するかについての社会学的考察は、まだほとんど行われていないのが現状である。

　さて本章では、近年、I. カワチ他 (2008＝2008) に代表されるように、公衆衛生学などの領域においてソーシャル・キャピタル (SC) と健康との関わりについての研究が登場してきていることに着目し、母親の抗リスク消費にあたっても、母親の持つ SC が何らかの影響を持つのかどうかを社会学的に考察する。

　またベック (1986＝1998) が、第2の近代の時代において見られるリスクの配分が、近代的階層原理とは異なる原理で起きていると指摘していることにも着目する。「貧困は階級的で、スモッグは民主的である。近代化に伴う危険性の拡大によって、自然、健康、食生活などが脅かされることで、社会的な格差や区別は相対的なものになる…(中略)…危険は、それが及ぶ範囲内で平等に作用し、その影響を受ける人々を平等化する…(中略)…この意味では危険社会は決して階級社会などではなく、その危険状況を階級の状況としてとらえることはできない」(Bech 1986＝1998：51) とベックは述べている。大気汚染や食品の農薬汚染といったような第2の近代におけるリスクは、広範囲にわたって

その影響を及ぼすものであり、もはや先進諸国や高級住宅街に住んでいるからといって、そこから逃れることができないほどになっているというのである。

同時にこうしたリスク社会の時代において、「危険を診断しその原因と闘うことは…（中略）…高度な専門知識、新しいタイプの分析に対応しうる能力、および一般的に費用のかさむ技術的な設備や測定機械を必要とする」（Bech 1986＝1998：330-1）のである。そして専門家と素人の間の格差はなくなり、かつての「素人」は知識に基づく自律性を獲得し、どの専門家を選ぶかという選択可能性を与えられているのだという（Bech 1986＝1998：358-60）。言い換えると、リスクからの回避可能性は、かつての階級社会とは異なる原理に基づいており、しかし回避可能性はランダムに起きているわけではなく、ある特定の知識や分析能力、あるいはコストのかかる設備投資ができることに依存しているのである。

したがって、食の安全性を確保するためには、より専門的で高度な知識や情報へのアクセス可能性が重要である。子どもの場合は、周りの大人―多くの場合は親―がそのような「知識」あるいは「情報」へとアクセスできるネットワークを持っているかどうかがキーとなる。言い換えるとここにもまた、親のSCの差異の影響が考えられる。

これらをふまえ本稿では、様々な要因のなかでもとりわけ母親の持つSCが、子どもの抗リスク消費活動とどのような関わりがあるのかを、質問紙調査とインタビュー調査によって得られたデータをもとに考察していきたい。

2．食の消費と健康意識に関する先行研究

そもそも食の安全性についてよりコンシャスな人たちはどのような人たちなのか。今日、健康志向的な消費活動として見られるものの代表として、オーガニック食品の購入があるが、その購入者には社会階層上の特徴があることが知られている。『食の社会学』（原題 Food and Society, 2013＝2016）の著者 S. グプティル他によると、歴史を遡れば1960年代のヒッピーたちのカウンターカルチャーに起源があったオーガニック食品も、現代アメリカ社会においてはむしろ、「都会派エリート層」によって消費されている食べ物だという（Guptill et al. 2013＝2016：218-227）。そこでは、今日、オーガニック食品を消費するというライフスタイルが見られるのは、社会階層的にいえば、アメリカ都市部に住む、中・上流階級に属するヨーロッパ系アメリカ人が中心であることが指摘されている。

　日本においても、オーガニック食品の消費者には階層的な特徴があるといわれている。それはファストフードやジャンクフードの消費とは正反対の行動であり、オーガニックレストランに行ったり、ファーマーズマーケットで食材を買ったりする人々は、都市部に住む、政治的にはリベラルな層に属する人たちに多く見られるという（速水 2013：124-129）。同様のことは、1995年と2005年のSSM調査データを用いて人々の消費とライフスタイルの格差を分析した中井美樹（2011）によっても明らかにされており、国産農作物や無農薬・有機食品を選ぶような、健康・環境を考えるライフスタイル――中井はこれを「エコ・コンシャス消費」と呼んでいる――の担い手は、とくに50代以降のミドルクラス以上の女性に多く見られる消費行動であるという（中井 2011：228-9）。また、高校生を対象とした佐藤・山根（2007）の調査では、高学歴の母親を持つ高校生ほど「食べ物を買う時、添加物に注意」したり、「将来減農薬など安全な食品を手に入れること」に関心があったりする者が多いことがわかっており、中井（2011）のいうところの「エコ・コンシャス消費」が、家庭を介して再生産されているといえる。

　一方、「食の安全性」への意識とは、健康維持に対する意識の１つだとも見ることができる。この観点からは、近年、公衆衛生学の領域において、人々の健康（身体的健康、精神的健康、健康行動など）に影響を及ぼす社会的要因の１つとして、SCに着目が集まっていることが参考になるだろう。『ソーシャル・キャピタルと健康』を編集した I. カワチ他（2008＝2008）によると、公衆衛生学の領域において健康とSCの関係性は、２つの異なる考え方が展開しているという。１つはSCの社会的凝集性の効果に着目する見方であり、もう１つは人々の間のネットワークの効果に着目する見方である。前者の事例は、人々が道路清掃に熱心な地域に住んでいる人は、清掃に参加しなくとも近隣のおかげで清潔な道路という利益を得られるといったものであり、後者の事例は個人が自らのネットワークを介して価値のあるリソースを得ることができるといった

ものである（Kawachi et al. 2008＝2008：12-3）。なお、健康とSCに関する研究においても最近では、SCが住民の健康にもたらす正の効果だけでなく、タバコやアルコールの摂取量を上昇させるなどの負の効果があることや、同じ地域に住む人たちでも、人種、年齢、性別によって、その人が持つSCは異なる可能性があることが着目されているという（Kawachi et al. 2008＝2008：16-7）。

　また、公衆衛生学の領域においても、SCをパットナム流にとらえるべきか、ブルデュー流にとらえるべきかという議論があるという。ブルデュー流のとらえ方に近い1人であるR. M. カーピアーノ（2008＝2008）は、SCを「ある人が他の人と結びつくことによって獲得するリソースのこと」（Carpiano 2008＝2008：134）と定義する。本論との関わりでいえば、そこでSCを測定する項目として挙げられているもののなかには、子どもの世話などについて互いに助け合うことや、健康、医療、子育てに関する情報を共有することなどが含まれる（Carpiano 2008＝2008：145）。

　同じように、パットナム的なSCの定義の限界を指摘しているのがR. ホイットリーである。ホイットリーは健康とソーシャル・キャピタルに関する質的研究の展開を整理し、「パットナムのソーシャル・キャピタルの定義は地域社会のなかで健康に与える重要な側面をとらえていない」（Whitley 2008＝2008：173）と述べ、従来とらえられてこなかった、インフォーマルなネットワークや家族のサポートなどが地域生活のなかで健康に影響を与える重要な側面であることや、地域コミュニティを超えたネットワークの重要性に言及している。また、同じ近隣に住んでいたとしても、その個人の人種、年齢、性などに応じてその人が持つSCは異なる可能性があると指摘する。

　以上から、子どもの食べる食品の安全性に関する親の意識—その背景には「子どもに健康に育ってほしい」という意識があると推察される—を左右する1つの要因として、SCに着目することもまた重要である。例えば「他の人と結び付くことによって」子どもの食の安全性に関する情報（リソース）を獲得することができるか否かは、その人がどの程度、食の安全性にコンシャスな親になるかどうかに影響するだろうと思われるからである。

　以上、消費行動や健康意識の側面から「食の安全性」によりコンシャスな親はどのような特性を持つかを検討してきたが、最後にもう1つの重要な理論に

言及しておきたい。それはブルデュー理論にある文化資本との関わりである。そもそも「食の好み」が、その人が所属する文化的階層との関わりも大きいものであることは、ブルデュー（1979＝1990）が『ディスタンクシオン』のなかで明らかにしたことでもある。すなわち、「身体に良さそうな食品を好む」ということ自体も、特定の文化的階層と対応した「好み」であるととらえるならば、その好みが家庭の持つ文化資本の量と何らかの関連があることが考えられる。本章では、「食の安全性」についての親の意識に対する重要な要素として、SC と並んで文化資本の影響の有無も考察する。

3．「子どもに与える食の安全性」への意識に関する7つの仮説

以上の先行研究の知見をふまえ本稿では、「子どもに与える食の安全性」を意識する度合いが異なる親たちが生まれる要因についていくつかの仮説を設けた。

第1の仮説は母親の諸属性や意識からの影響である。先行研究では食品の栄養素などの「科学的」知識は高度な知識であること（小山 1999）、また、食を通じて子どもの健康を守ることは主婦の役割であるという規範が大正期以降の日本社会に存在してきたこと（小山 1999）が指摘されており、それらをふまえると、母親がより高学歴であり、専業主婦であるほうが、また意識のうえでは性別役割分業観をより肯定し、「女性は家庭を守るべき」という意識が高い者ほど、「子どもに与える食の安全性」を強く意識するという仮説が考えられる。

第2の仮説は、その家庭の置かれている社会経済的あるいは地理的な位置に影響されるというものである。例えば「エコ・コンシャス消費」はミドルクラスの女性により多く見られるという（中井 2011）。また、オーガニックフードのような健康志向的な食品消費活動が、都市部の経済的に裕福な層によって担われているという指摘がアメリカでも日本でも見られたが（Guptill, et al. 2013＝2016, 速水 2013）、抗リスク食品は概して価格が高く、その家庭が経済的に余裕のある家庭であるほうが楽に購入できる。また、オーガニックのようなニッチな商品は、人口規模が大きい地域ではないと流通しないという指摘もある（速水 2013）ように、居住地域の影響を受ける可能性も考えられる。

第3の仮説は、子どもの諸属性との関わりである。まず子どもの年齢が小さいほど、親はその子に与える食品の安全性には注意を払うだろう。子どもの年齢層は家庭によって異なるが、子どもが親や家族から自立し、友人や街中で1人で食事をするような年齢になるまでは、子どもの食べ物の決定権は親にあることが多い。したがって末子が一定程度の年齢になるまでは、親は子どもの食生活にまで意識をめぐらさざるをえない。

　第4の仮説は、親の政治意識との関わりである。ベックは現代社会に広がるリスクに対抗するための1つの可能性として、市民の政治的活性化を挙げている（Bech1986＝1998：396）。日本でも生協運動のように、食をめぐる消費者の意識が消費者運動として政治的活動へと発展していく事例も少なくない。すなわち、選挙での投票や、社会運動参加（嘆願書署名、政治・社会問題集会への参加、デモ参加など）に積極的な人は、子どもの食の安全性にもよりコンシャスである可能性がある。

　第5の仮説は、親の持つSCの影響である。SCを何ととらえるかは依拠する理論家によって様々ありうるが、公衆衛生学の領域においては人々の健康維持には、互いに助けあって子どもの世話をすることや、健康、医療、子育てに関する情報を共有することなどの側面に現れるSCが重要であると指摘されてきた（Carpiano 2008＝2008）。また、「結束型」SCである地域コミュニティの結び付きよりも、インフォーマルなネットワークや家族のサポート、あるいは地域コミュニティを越えた、「橋渡し型」SCのほうが健康に重要であるという知見もある（Whitley 2008＝2008）。すなわち抗リスク消費に関しても、SCの1つである情報ネットワークや、結束型SCや橋渡し型SCがそれぞれ何らかの影響をもたらしていることが考えられる。

　第6の仮説は「親の子どもの人生への関与度」に着目した、「ペアレントクラシー仮説」あるいは「コールマン型SC仮説」と呼ぶべきものである。ブラウン（1990）が「親の教育熱心度と財力」が子どもの業績達成の格差を生むことを明らかにしたペアレントクラシーの議論と同様に、子どもの人生に熱心に関与する親ほど、子どもの健康面でのリスク管理にも熱心ではないかという仮説である。なお、すでに本書第2章などでも指摘しているように、ブラウンのペアレントクラシーの概念は、教育とSC研究史のなかではコールマン（1988

＝2006）が「家庭の SC」として概念化しているものときわめて類似性が高い。コールマンは、親が家庭の内外で、子どもにどのくらい注意を払うことができるか、あるいは親が学校にどのくらい参加するかを SC として概念化し、その度合が子どもの学力に帰結すると論じている。その意味においては、第6の仮説は上記第5の仮説の下位区分に含めることも可能かもしれない。しかし先行研究において健康と SC が議論される場合は、コールマン流の SC 概念が使われることがまれであったため、本章でも「親の子どもへの関与度」に着目する際には、ブラウンのペアレントクラシー議論に依拠することにした。

最後に第7の仮説は、親の持つ文化資本の影響である。「何を食べるか」という食の好みが文化的階層性を示すものである（Bourdieu 1979＝1990）ことはすでによく知られたことであるが、「健康に良い（と思われる）ものを食べる」という行為は、単に空腹感を満たすための食品を選ぶのとは異なり、「必要性からの距離の遠い」消費活動だということができるだろう。こうした必要性からの距離が遠いものを選択するライフスタイルは、より文化資本の多い層において見られることをブルデューは指摘している。

以上の仮説を検討するために、本研究では2014年に東京、福岡、長崎の3地点で行った質問紙調査、「地域社会と教育意識に関する調査」の回答者のなかから、「子どもがいる」と答えた913名を取り出し、「子どもの食べるものの食材や産地に注意する」に対する回答を従属変数とする重回帰分析を行った。質問に対する回答は4段階であったが分析にあたっては、「あてはまる」を4点、「ややあてはまる」を3点、「あまりあてはまらない」を2点、「あてはまらない」を1点とスコア化した。

各仮説に沿って、独立変数には以下の変数を用いた。

(1) 母属性・意識：
  ① 母学歴（基準「短大」：高卒以下ダミー、4大卒ダミー）
  ② 母就業状況（基準「パートタイム」：フルタイムダミー、専業主婦ダミー）
  ③ 性別役割分業観（「男性は外で働き、女性は家庭を守るべきである」に対する4段階の回答を賛成度が高い順に4点、3点、2点、1点とスコア化）
(2) 世帯の社会経済的地位：

① 世帯収入（所得額）
　　② 居住地（基準「福岡」：東京ダミー、長崎ダミー）
(3) 子どもの属性：
　　① 末子年齢
(4) 政治的意識・活動：
　　① 投票に行く頻度（「ほぼ毎回」4点、「半分以上」3点、「半分以下」2点、「行かないこと多い」1点）
　　② 社会運動：嘆願書署名／選挙・政治・社会問題の集会出席／デモなどの抗議活動（「よくある」4点、「時々ある」3点、「あまりない」2点、「全くない」1点）
(5) ソーシャル・キャピタル：
　　A) 子育てに関する情報源：「子どもを通わせる園や学校」「子どもの塾や習い事」「子どもの進路や将来の職業について」各々の設問に対する多重回答選択肢（家族／親戚／近所の人／専門家やサービス機関／職場の人／学校時代の友人／子どもを通じた友人・知人／インターネット／その他の友人・知人）の合計選択数をスコア化（すべての設問について同一の情報源から情報を得ていたらその選択肢〔情報源〕は「3点」、全く情報を得てない場合は「0点」となる）
　　B) 社会活動頻度：自治会・町内会・婦人会などの地域活動／PTA活動／趣味やスポーツ活動／ボランティア・NPO・市民活動量（活動頻度を年間活動日数でスコア化：「週に1回以上」52点、「月に1〜数回程度」24点、「年に1〜数回程度」2点、「活動していない」0点）
　　C) 団体への加入状況：自治会・町内会／PTA／商工会・農協などの職業団体／労働組合／政党や政治家の後援会／地域生協／市民運動団体やNGO／ボランティア団体／宗教団体／趣味やスポーツの集まり／その他（「加入」1点、「未加入」0点）
(6) ペアレントクラシー：
　　① 子どもの最終学歴希望（4大進学以上期待ダミー）
　　② 子どもの人生への関与度：子どもの勉強を見る／子どもの小・中学受験を考えた／子どもの友人関係を知っている／子どもの教育のために高

額でもお金を出す／子どもの課外活動に関わる／子どもを厳しくしつける／子どもに地域の図書館・体育館を使わせている（「あてはまる」4点、「ややあてはまる」3点、「あまりあてはまらない」2点、「あてはまらない」1点）

(7) 文化資本：
① 文化資本の伝達：子どもに本を読むよう勧める／子どもとニュースの話をする（「あてはまる」4点、「ややあてはまる」3点、「あまりあてはまらない」2点、「あてはまらない」1点）

基本的な変数に対する回答者の分布状況は次の通りである。まず、従属変数である「子どもの食べるものの食材や産地に注意する」は表8-1の通り、「あてはまる」26.2％、「ややあてはまる」46.5％、「あまりあてはまらない」19.8％、「あてはまらない」4.1％、無回答3.4％であった。後の重回帰分析では、無回答者31名分を除く、計882名分の母親が分析対象となる。

主な独立変数の分布状況は次の通りである。まず882名の母親たちの属性については、平均年齢46.5歳、最終学歴（表8-2）4年制大学卒以上22.3％、短期大学・高等専門学校卒26.3％、高卒後専門学校15.0％、高校卒業以下36.2％であった。また、調査時に就業中の者は66.7％であり、雇用形態別にみると（表8-3）フルタイム（経営者・役員含む）22.4％、パートタイム（派遣・内職含む）39.0％、自営・自営手伝い4.6％、専業主婦33.2％であった。なお、各家庭の社会経済的文脈については、世帯収入の平均値は612.2万円、調査対象者の居住地域は東京30.7％、福岡34.9％、長崎34.4％である。また、子ども数は平均1.97人、末子の平均年齢は14.4歳、長子は17.7歳であった。長子に期待する（既卒の場合は期待していた）最終学歴（表8-4）は4年制大学卒以上が75.7％であった。

4．重回帰分析——「子どもの食べるものに注意する」のは誰か？

「子どもの食べるものの食材や産地に注意する」を従属変数とする重回帰分析を行った結果が表8-5である。モデル1は、仮説1～3に関する基本的な

表8-1　子どもの食べるものの食材や産地に注意する

（N＝913）	％
あてはまる	26.2
ややあてはまる	46.5
あまりあてはまらない	19.8
あてはまらない	4.1
無回答	3.4

表8-2　最終学歴

（N＝882）	％
中学校	2.0
高校	34.2
専門学校（高卒後）	15.0
短大・高専	26.3
大学	20.7
大学院	1.6
無回答	0.1

表8-3　現在の就業状況

（N＝882）	％
フルタイム	22.4
パートタイム・派遣・内職	39.0
自営・手伝い	4.6
専業主婦	33.2
無回答	0.7

表8-4　第一子に望む学歴

（N＝882）	度数	％
中学校	2	0.2
高校	98	11.1
短大・高専	80	9.1
大学	622	70.5
大学院	46	5.2
その他	25	2.8
無回答	9	1.0

変数を投入したものである。世帯収入が高いほど、母親が専業主婦であるほど、母親高卒以下ではないほど、性別役割分業を肯定するほど、その母親は有意に「子どもの食べるものの食材や産地に注意」していた。なお、調査地域や末子年齢は抗リスク消費とは無関係であった。

　仮説4に示した母親の政治意識・活動に関する独立変数を投入したのがモデル2である。母親の政治意識・活動に関する変数は、モデルの適合性を上昇させるものであり、「子どもの食べるものの食材や産地に注意」することと母親の政治意識・活動の関連性が強いことがわかる。

　また、モデル2で最も影響力のある独立変数は世帯収入であるが、次いで強い影響力を持つのは母親の投票行動であった。積極的に投票する母親ほど子どもの抗リスク消費への関心が高い。注目すべきなのは、その影響力が、母親が専業主婦であることや、性別役割分業を肯定することよりも大きい点である。また、嘆願書への署名も有意な影響力を持つ。モデル2からは、より頻繁に投票を行い、政治参加が活発である母親のほうが、「子どもの食べるものの食材や産地に注意」するということがわかる。

モデル3〜5はSCに関する独立変数を、仮説5に沿って、A)子育て情報源、B)社会活動頻度、C)団体加入にグループ化し、グループごとに投入したものである。まず、モデル3で投入した子育て情報に関しては、専門家やサービス機関を活用した母親ほど、抗リスク消費への関心が高かった。その効果は、モデル3のなかで世帯収入に次ぐ大きさである。

また、SC関連変数を投入したモデル3〜5では、母親が専業主婦であることの効果が5％水準の有意差検定では消滅してしまうことも着目に値する。すなわち、母親が豊かなSCを持っているならば、「子どもの食べるものに注意する」にあたって母親が専業主婦である必要はないということである。母親が子育て時に活用した情報源のなかには「専門家やサービス機関」と並んで「家族」も有意な影響が見られたが、前者は橋渡し型のSCで後者は結束型のSCであり、両者の係数を比較すると、母親の「子どもの食べるものの食材や産地に注意」する意識は、橋渡し型のSCからの効果のほうが大きいこともわかる。

モデル4は結束型のSCを醸成するだろう社会活動と、橋渡し型のSCをもたらすだろう社会活動の双方を投入し、SCと抗リスク消費との関連を見たものである。自治会やPTA活動への参加は前者に、趣味・スポーツやボランティア・NPOなどの活動への参加は後者にあたる。モデル4の分析結果からわかることは、自治会参加やPTA参加などの結束型のSCは、母親の抗リスク消費とは無関係であるということである。一方、橋渡し型のSCは双方とも有意な影響が見られる。これは公衆衛生学の領域において指摘されてきた、「健康には橋渡し型のSCのほうが効果がある」という関係性が、「子どもの食べるものの食材や産地に注意」する母親の意識形成においても、支持されたということである。

続くモデル5では、母親たちの団体加入状況から、母親がどのようなネットワークを持ちうるかを想定し、その抗リスク消費との関連を見た。その結果、ボランティア団体、市民活動・NPO、自治会への加入は子どもの食べ物への関心にプラスの効果をもたらし、一方で宗教団体やPTAへの加入はマイナスの効果を持つことがわかった。このなかではボランティア団体、市民活動・NPOが、橋渡し型のSCといえるが、ここからも橋渡し型のSCが「子どもの食べるものの食材や産地に注意」する意識を醸成するのに役立っているといえる。

表8-5 「子どもの食べるものの食材や産地に注意する」に対する重回帰分析

	モデル1 基本変数		モデル2 政治意識		モデル3 SC 子育て情報源	
適合性（調整済みR2）	0.078		0.106		0.091	
高卒以下ダミー	−0.082	*	−0.074	+	−0.070	+
大卒ダミー	0.063	+	0.056		0.062	
フルタイムダミー	−0.037		−0.033		−0.028	
専業主婦ダミー	0.085	*	0.095	*	0.075	+
性別役割分業意識	0.078	*	0.070	*	0.076	*
世帯収入	0.217	**	0.180	**	0.204	**
東京ダミー	−0.044		−0.030		−0.049	
長崎ダミー	0.011		0.010		0.015	
末子年齢	0.034		0.009		0.014	
投票頻度			0.150	**		
嘆願書署名			0.080	*		
政治・社会問題集会			−0.028			
デモ活動			0.630	+		
子育て情報：家族					0.086	*
子育て情報：親戚					0.024	
子育て情報：近所の人					0.011	
子育て情報：専門家やサービス機関					0.113	**
子育て情報：職場の人					−0.030	
子育て情報：学校時代の友人					−0.004	
子育て情報：子ども媒介友人・知人					0.019	
子育て情報：インターネット					0.021	
子育て情報：その他の友人・知人					0.034	
活動頻度：自治会等						
活動頻度：PTA						
活動頻度：趣味・スポーツ						
活動頻度：ボランティア・NPO・市民活動						
自治会・町内会						
PTA						
商工会など職業団体						
労働組合						
政党等後援会						
地域生協						
市民運動団体やNGO						
ボランティア団体						
宗教団体						
趣味やスポーツの集まり						
その他						
子ども4大進学希望ダミー						
子どもの勉強みる						
子どもの受験考える						
子どもの友人関係知ってる						
子どもの教育費高額出す						
子どもの課外活動に関与						
子どもを厳しくしつける						
子どもに地域施設を使わせる						
子どもに本を読むように勧める						
子どもとニュースの話をする						

注： **有意水準1％未満、*有意水準5％未満、+有意水準10％未満

モデル4 SC：社会活動		モデル5 SC：団体加入		モデル6 ペアレントクラシー		モデル7 文化資本		モデル8 全有効変数	
0.093		0.109		0.184		0.193		0.264	
-0.075	+	-0.075	+	-0.040		-0.048		-0.035	
0.055		0.036		0.047		0.059	+	0.023	
-0.025		-0.020		-0.010		-0.016		-0.013	
0.060		0.073	+	0.100	**	0.109	**	0.087	*
0.079	*	0.079	*	0.077	*	0.064	+	0.050	
0.202	**	0.191	**	0.115	**	0.170	**	0.086	*
-0.061		-0.021		-0.084	*	-0.072	+	-0.068	
-0.020		0.003		-0.024		0.029		-0.014	
0.016		-0.020		0.010		-0.017		-0.078	+
								0.092	**
								0.028	
								0.055	+
								0.039	
								0.021	
-0.020									
0.041									
0.098	*							0.061	+
0.083	*								
		0.072	*					0.040	
		-0.086	*					-0.125	**
		0.023							
		-0.009							
		-0.025							
		0.061	+					0.027	
		0.081	*					0.046	
		0.104	*					0.060	+
		-0.098	*					-0.116	**
		0.050							
		-0.033							
				0.069	*			0.079	*
				0.087	*			0.038	
				0.074	+			0.049	
				0.018					
				0.102	*			0.080	+
				0.035					
				0.115	**			0.071	*
				0.125	**			0.061	
						0.211	**	0.145	**
						0.205	**	0.122	**

一方、結束型 SC のなかで着目すべきは、宗教団体や PTA が強い負の効果を持っていることである。ポルテス（1998）は結束型の SC の負の効果を指摘しているが、凝集性の高い集団は、食のリスクへの抵抗にはマイナスに働くということが本論でも確認できた。

以上から、様々な変数で表される SC もまた、抗リスク消費活動に影響を及ぼしていることがわかる。ただし、モデル 3 ～ 5 の適合性の数値は、概して政治意識の変数を投入したモデル 2 や、この後見ていくモデル 6、7 ほど大きくないことも事実である。

モデル 6 は、仮説 6 に対応したものであり、ペアレントクラシー仮説を検証したものである。モデル 6 はモデルの適合性の著しい上昇が見られることも特徴であり、このモデルのなかにいくつもの強い効果を持つ変数が含まれている。なかでも最も強い効果を持つ変数は、「子どもに地域の施設を使わせる」であった。それに続く「子どもを厳しくしつける」と並び、全体的にモデル 6 で投入した変数は、従属変数に対する強い効果が見られる。すなわち親が子どもの人生に関与する度合が高いことは、親の抗リスク消費意識の形成に、大きな影響力を持っているということである。

なお、ペアレントクラシー変数のなかでも「親が子どもの友人関係を知っていること」や「親が子どもの課外活動に関与すること」は、有意な効果を持たなかった。このことや、先に見たモデル 5 において PTA 活動が、「子どもの食べるものの食材や産地に注意」することに負の効果を見せていたことを総合して考えると、コールマンが重要視した「親の学校関与」という SC は、少なくとも抗リスク消費に関しては無関係であるか、むしろ負の効果を持つといえるのである。このことについては後に示す質的データの分析の箇所でさらに考察する。

モデル 7 は文化資本に関する 2 変数を投入したものであるが、これまで分析してきたモデルのなかで最もモデルの適合性が高いモデルとなった。分析結果からは、子どもに文化資本をつけさせるような働きかけを行う親は（これを本稿では「文化資本を多く有する家庭」と解釈する）、「子どもの食べるものの食材や産地に注意」している者が多いことが明らかである。これらの文化資本関連の変数の抗リスク消費に対する影響は非常に強く、世帯収入や専業主婦などの基

本的変数よりも強い効果をもたらしている。また、モデルの適合性を比較してもわかるように、抗リスク消費に対しては、SC変数よりも文化資本変数のほうが影響力が強かった。

最後のモデル8は、モデル1で取り上げた基本変数と、モデル2〜7の重回帰分析において、従属変数に対する有意な影響力（有意水準10％未満）が見られた独立変数をすべて重回帰モデルに投入したものである。ただし、変数間の共変性を診断したところ、モデル4で投入した「ボランティア・NPO・市民活動への参加頻度」は、モデル5で投入した「ボランティア団体加入」との共変性を起こしていることがわかったため、前者はモデル8の分析からは除外した。

モデル8を見ると、従属変数である母親が「子どもの食べるものの食材や産地に注意する」ことへの正の影響が最も強いのは、「子どもに本を読むよう勧める」「子どもとニュースの話をする」の2変数であることがわかる。一方、SCに関連する変数のうちPTAと宗教団体への加入は、母親の抗リスク消費に強い負の効果を持つことがわかる。これらは、SCのなかでも集団の凝集性の高い結束型のSCである。冒頭でも触れたように、ベックはリスク社会論のなかで、リスクに対応するためには高度専門知識や新しいタイプの分析に対応しうる能力が必要だと述べている（Bech 1986＝1998：51）が、モデル8の分析結果を見ると、このようなタイプの知識に接近することに、結束型のSCを所有していることはむしろ逆効果であることがわかる。

では、抗リスク消費に対してSCがもたらす影響は、ここで明らかになったようにもっぱら負の効果だけなのだろうか。この点について次節ではインタビュー調査によって得られた質的データを分析することでさらなる考察を進めることにする。

5．抗リスク消費とSC──インタビュー調査より

前節までに見てきたように、東京、福岡、長崎の3地域を対象にした質問紙調査の分析結果からは、「子どもの食べるものの食材や産地に注意をする」という母親の抗リスク消費に対するSCの影響は、当初の仮説ほど大きいものではなく、結束型SCの負の効果のほうが目立っていた。むしろ親の持つ資本の

なかでは文化資本からの影響力のほうが大きいものであった。それでは、母親のSCは抗リスク消費にあまり関係のないものだと結論づけてよいだろうか。この点について、上記3地域で行ったインタビュー調査から得られた知見を紹介し、今後の議論の可能性を示しておきたい。

まず、東京、福岡、長崎で親が「子どもの食べるものへの配慮」を話すときには、その内容に質的な違いがまず見られた。福岡や長崎在住の母親たちの間で「子どもの食べ物」への注意の必要性が認識される際には、「アレルギーの有無」がまず念頭に置かれることが多いようであった。加えて話題になるのは、「食品添加物」「国産野菜」「好き嫌いなく食べさせること」「子どものダイエットの必要性」などであった。

〈福岡・長崎の母親の食に関する語り〉

　今のところアレルギーが何もないんで。とくに気を付けているっていうのはないですね。…（中略）…スーパーで買う程度は気にするんですけど。そんなに変わらなかったら、もう国産のほうがいいよねというぐらいは、ですかね。あんまりそんな深く、何か無農薬だとか、そういうのはないです。

　アレルギーとかも、そんなにひどいほうではなかったんで。ちょっと「かゆい」とかいうぐらいだったんで。そんなに、あれを制限、これを制限とかいうのもなかったですし。逆に、添加物が多いインスタント食品とか、ちっちゃいうちは避けてましたけど。もう、このぐらいなったら。「インスタントラーメン食べたい」いわれたら。「いいよ」みたいな。

　とくに、アレルギーとかはいっさいなかったので、そこを心配することがなかったので。とにかく好き嫌いなくというか、まんべんなく食べられるようにっていうのは、心がけてはいました。3人ともトマトは嫌いで。「弁当には絶対に入れないでね」とかいっていわれましたけど…（中略）…好き嫌いはそういうふうにあるんですけど、食材を工夫して使えば、だまされて食べるところはあるので。

2人とも太りやすいんですね…（中略）…ダイエットしろとはいわなかったんですけど、食べ過ぎないようにっていうのはいってたんですけど。（1人の子どもは）今、ちょっと野放しで。（もう1人の子どもはスポーツも）やっているので、なるべく体重を増やさないように気をつける。だからといって一応アスリートなので、食べさせないわけにはいかないので、料理方法とかバランスとか一応考えて。

一方、東京でインタビュー対象者となった母親3名の語りのなかで主要な話題として語られたのは、子どものアレルギーの有無ではなく、「安全な食品とそうでないものがある」という内容についてであった。その語りの特徴は、同じ国産品であっても無農薬や有機野菜のほうが好ましいということや、食材を買うときには産地を確認しているといったことが語られるところにある。本書で分析するインタビュー調査が2015年という東日本大震災と福島原発事故後に行われたという時代背景もあり、東京の母親の3名中2名が食品の放射能汚染の問題性についても言及していた。すなわち、ベックがリスク社会論のなかで指摘したようなリアリティを持つか持たないかは、親たちがどの地域で子育てをしているかにも関連しているのである。

〈東京の母親の食に関する語り〉
　一応、安全。すべてとはいえないですけど。無農薬とかのものを。有機とかそういうものをなるべく食べさせたいなとは。日本の国産のものをとは、思ってますね。そこら辺はもちろん（産地がわかる）ルートで。（子どもが）小さいときからですね。

　一応、生協で農薬の少ないものを買うようにしてるんですけれども。やっぱり、今のこの放射能がっていう時代よりは（自分の子どもが小さかったときは）まだ緩かったと思います。今のお母さんのほうがずっとたいへんだと思います。…（中略）…生協でも放射能の検査結果みたいなの送られてくるようになったので。それは、必ず目を通すようにしてるんですけども。

基本的にはもうスーパー行ってないんですね。お野菜なんかは、産地の農家から直接送ってもらって。…（中略）…魚はお魚屋さんで買うこともありますけど。でも基本的に、太平洋のお魚とかを食べたりしてないんで。あんまりそれをお魚屋さんで太平洋のはだめでとかって、いうのもちょっとって考えると。なのでそれを考えると、宅配とかで産地がわかってるようなものを買ってしまうほうが多くなりましたね。

　このように、母親たちの間で「子どもの食べ物」への注意の必要性が語られる際には、その具体的な「注意」の内容は、地域的によって異なる特徴を持っていた。もっとも、東京の親の間でも、どこまで抗リスク消費を行っているかはまちまちであり、また、子どもの年齢にも依存する。ある程度子どもが成長すると、抗リスク消費への注意の度合は下がるようでもあった。
　ところで、現在進行形で「子どもの食べるものの食材や産地に注意」をしていると話していた母親は小学生の子どもを持つ母親であったが、地域社会のなかでその実践をすることが、なかなか難しいものであることも語っていた。

　それがなかなか最近難しくて。共通認識を持ってるママ友っていうのがいないので…（中略）…例えば、給食のことでちょっと学校にいいたいことかあったときに。なかなか同じような認識を持ってる方がいないので。ちょっとママ友に声かけて、「こういうことをちょっと不満に思ってるんで」「学校にいおうかなと思ってる」っていうと、なかなかそこで賛同が得られなくて。結局、1人でいってみたりするわけですよね。

　そういうの話せる（人いなくて）。逆に過敏みたいな感じになっちゃって、私もなかなか出していけないっていうか…（中略）…いろんなこと話せる、ほんとの意味で大事なことを話せるママ友がいなくて。おけいこの話とか、子どもの塾の話とか、そういうのは皆さんいっぱいするんだけど、なかなか。（そういうことを話せるのは）家族かほんとにそういうことを意識してる一部の友だちとかになって。でも、そこだけで話してても何か変わらない気がするんですけど。

ここで語られているように、食の安全性に対する疑念は、おけいこ事や塾の話題のように、他の母親と気軽に話せる話題ではないという。むしろその不安を口にすることで、「過剰反応をする親」と見られてしまう別のリスクもはらんでいる。結局、「子どもの食べるものの食材や産地に注意をする」ことは、「家族とかほんとにそういうことを意識している一部の友だちとか」としか話せない問題となってしまうのである。

ここでこの母親が語っていることは、前節で示した重回帰分析の結果に現れた結束型SCの負の効果の具体的な事例にほかならない。重回帰分析ではPTA参加が抗リスク消費に強いマイナスの影響力を持っていることが示されていたが、インタビューから浮かび上がるのは、たとえ1人の母親が給食の食材に疑問を持ったとしても、地域の母親たちの横並び意識が、それを明言しにくい雰囲気を作っているということである。それはまたポルテス（1998）が結束型SCの負の効果と論じたものと同じである。あるいは先にも言及したように、健康とSCに関する先行研究においても、地域の凝集性の高さが、住民のタバコやアルコールの摂取量を高めるケースが見られるように、健康に対するマイナス効果をもつ場合があることも指摘されている（カワチ他 2008＝2008）。学校給食の食材に疑念を感じた母親が、学校にそれを問い合わせる行為を起こすこと自体に周囲からの暗黙のプレッシャーを感じるという語りは、まさしくこの結束型SCの負の効果の側面を表していると言えるだろう。

一方、地域社会から離れたところには、抗リスク消費を実践している他地方に住む母親と出会う機会もあるという。

> そこ（地元と離れた場所で行われる習い事教室）ではママが多かったんですよね。ちょっと前の話なんですけど、そこでママ同士の交流をご飯食べながらしてたときに、私以外の方が全員牛乳を飲ませてないっていう情報をそこで得て。私はそのとき、子どもが1年生で入ったばっかりだったんですけど。牛乳は飲ませてたんですよね。なので、そこから何かおかしいことがあるのかっていうの調べだしたりなり、きっかけをそこで与えてもらって。

すなわち、結束型の SC が負の効果を持つのとは逆に、橋渡し型の SC は、抗リスク消費活動には正の効果を持っているということである。健康と SC に関する質的研究の知見を整理した R. ホイットリー（2008 = 2008）は、地域コミュニティを越えたネットワークが健康に重要であると述べているが、上記の母親の「牛乳を飲ませていない母親との出会い」もまた、地域コミュニティを越えたネットワークの効果を表している。抗リスク消費活動を行う者たちにとっては、より有益な SC は地域にある結束型のそれよりも、地域を越えたところに形成されるネットワーク、言い換えると橋渡し型の SC なのである。

6．考察

　以上、本章ではリスク社会のなかにおける現代の子育てが、母親たちにどのような意識をもたらし、またそれらは母親の持つ SC とどのような関わりがあるのかを、「子どもの食べるものの食材や産地に注意」するという行為に着目して考察した。

　質問紙調査の結果から明らかになったことは、母親の抗リスク消費行為には文化資本の影響が最も大きいことがわかった。一方 SC に関する変数は、とくに結束型の SC が抗リスク消費に負の効果を持つことがわかった。

　一方、インタビュー調査結果からは、母親たちが「子どもの食べるものを注意する」といったとき、その内容には地域ごとに質的な差異があることが明らかになった。とくに東京では抗リスク消費に積極的である母親たちの存在も見られたが、ただしその抗リスク消費は地域社会に展開する SC とは無関係であった。むしろ、質問紙調査結果と共通して見られたのは、結束型の SC は抗リスク消費にはマイナスであるということであった。一方、抗リスク消費に結び付く知識や技能（何がリスクであり、そのリスクをどう回避するか）は橋渡し型の SC を経由して提供されていることがわかった。

第9章　ネットワークと規範の形成

石川　由香里

　第1部で提示した家族、就労、教育、それぞれの領域におけるソーシャル・キャピタル（SC）についての議論を念頭に、第2部では、母親のSCが子育てにもたらす影響について、調査データをもとに論じてきた。末尾となるこの章では、子育てに加えて介護・看護を負うこととなった2つの事例を取り上げる。付加されたケアワークを行うためには、それまでとは異なるSCの構築が必要となると同時に、それまで保持していたSCの活用方法にも変更が生じる。その様相をまずは示したい。

　近代社会は、家族を親密圏と規定することによって、子育てをその内部に閉じ込めてきた。しかも欧米の親密性が性愛に基づく夫婦関係を基軸とするのに対し、日本の場合には夫婦間よりむしろ親子間で成立していることは、つとに指摘されている（野口 2013）。そのことが欧米の場合以上に、子育てにおける家族とりわけ母親の責任を重視することにつながってきた。しかし介護や看護といった他のケア役割に同時に対応しなければならない状況が生じたとき、親密性に依存して家族内部で対処することは不可能になる。ケアがいかにして公共圏へと持ち出されたか、そのプロセスについて考えたい。

1．子育てと介護と仕事を両立するためのSC

　Aさんは、長崎市内で高校まで過ごした後、九州内の他県の大学に進学し、その地で就職した。しかし27歳のとき、父親の病気をきっかけに帰省した。高校時代までの友人もまた地元を離れている場合が多く、出身地ネットワークが日常的に活用されることはない。

進学校というか、ほとんど県外の大学に行ってしまってそのまま県外に就職した子が男の子なんか、ほとんど。女の子も半分以上は県外じゃないでしょうかね。戻ってきて仲がよかった子が1人、2人しかいなかったです。戻ってきてばったり小中学校で同じ子に会って話しするなかで、徐々に自分が戻ってきてっていうことがわかって。だからといって、それから親しくしてるってことは、なかなか。元々、住んでいた場所と違う所に住んでいるので。

定位家族も、近居の妹との交流はあるが、弟は県外に出ているのでフェイスブックで様子を知るくらいであり、そのほかの親戚とは冠婚葬祭程度の付き合いしかしていない。

帰省してからAさんは転職し、その後結婚、出産、退職、再就職を経験した。2年前、夫が脳出血で倒れ、介護を必要とするようになったのを機に、車いすでの生活をしやすい住居へと転居した。転居先を同じ学区内で選んだ理由は以下のように説明された。

夫が倒れたときに、会社が自宅からかなり遠かったので、会社の近くに引っ越すようにいわれたのですけれど。そうすると転校となるので、ちょっとそれは避けたいなというところで。周りの地域の方々のことがやっぱり、つながりを断ちたくなかったっていうことが大きいです。

そうした地域とのつながりは、子どもを通じて構築されたものだという。

子どもだけのつながりのほうが大きいですね。アパートなので一緒に自治会でお掃除をしたりするので顔は知っているけれど。そんなに、なんていうかな、タッチはしないというか、挨拶ぐらいだけど、子どもがいれば行き来して遊びに行ったりとかするので。子どもが勝手に友だちの家に入っちゃったりもすれば、こっちも、菓子も持たせたりとか。だから、子どものお友だちの（つながり）がほんとメインですね。

（中略）

公営アパートって、敬遠される方もいらっしゃるんですけど自分は逆に、ほんとに助かっていますね。子どもがいると、やっぱり地域の方の顔を知っているっていうことがすごく安心っていうか。うちの娘、「どっかで見たよ」とか、声かけてくださる人もいるし、自分もよかったと思います。

　さらにその子どもを中心としたネットワークは、夫の介護という状況についても、助けとなっている。

　夫が病気で倒れてから、とくに地域の人たちの助けが非常にありがたく思っています。とくに結構、夫の世話で時間が取られるようになってしまって、子どもにかまう時間がなくなってしまったのですけど、事情を知っているお母さん方が助けてくださいますね。

　一方、職場にも恵まれていたという。

　割とすんなり、思った以上によくしてくださいました。もう、そこがなかったら、多分、続けられなかったと。今も、多分、続けきれてないと。ほんとに、職場の理解。
　　（中略）
　家庭のこととか話すなかでいろいろ、相談に乗ったりとかはしてもらいますね。でも、まあ、私の場合は相談の内容が、時間的なことなので。その相談は、やっぱり会社にしないといけないので。解決するために相談をしているという感じ。でも、そのなかに自分の気持ちも伝えたりとかそういうのはありますね。

　ただし、時間以外のプライベートなことを職場の人に相談することはない。職場は仕事のこと、介護のことは介護の専門家、子どものことは他の母親など、目的に合わせたSCの使い分けがされている。

私の場合は介護の相談は、介護がわかる人。仕事のことは仕事のことがわかる人。子どもの内容は地域の子どものお母さんって分けて相談しています。例えば、子どもの話を職場に人にしても、解決しないっていうか相談にならないのかなっていう感覚があって。ただの愚痴になってしまうというか。前に進んでいかないような感じがするので。

　介護については、日常的には介護サービスのサポートが重要なSCとなっている。そして介護サービスにうまくつながれた背景には、アフターケアの充実した病院と、そこから紹介されたケアマネージャーとの出会いがある。

　毎月、ケアプランというのを立てていただいて。1カ月前にこの日とこの日とこの日は遅くなるんで延長でサービスを入れてほしいとか。そういう打ち合わせをして。介護ポイントの上限っていうのが決まっているんで、それにあてはまるかっていうのを精査していただいていますね。…（中略）…多分、うちはたいへんだと思うんですよ、そのプランを立てるのが。ぎりぎりなんで、いつも。
　　　（中略）
病院に入院して、退院後のケアっていうの、よく充実しているというか。そこから、ケアマネージャーさんが紹介していただいて。ほんとに何も知らなかったんですけど。そのケアマネージャーさんが、いろいろと、手取り足取り教えてくださってという感じです。

　実家は重要なサポート手であると同時に、極力頼り過ぎないようにもしている。

　以前より親を頼ることが多くなりました。主には、出張で遅くなったりするときに子どもの食事の世話ですね。あとは、父親は、夫の見舞いに来てくれたりもします。
　一般の家事は1人でして、出張のときとか、どうしてもできないときだけ、母に頼って。あんまり頼りすぎると、母もちょっと具合が悪くなる

と、負担になるだろうと思って。どうしても頼るときに頼れる状態を保っているという感じです。なんだかんだ理由つけて、来なくなっちゃうので。

インターネットについて活用はするが、経験からその用途は限られるようになった。

　最初に感じたのは、出産のときにすごく不安でいろんなことを、インターネットで調べたんですけど。逆に、調べることによって、不安に陥る。その人にしかあてはまらないようなことも、いろいろ書いてあるし、なんていうか、選択肢が多過ぎちゃって逆に迷ったりとか。なので途中から、もう見ない。子どもとかに関することはある時期からネットで調べるよりも、目の前の自分の子供のことをよく観察しようっていうふうに思うようになって。ただ単純に数値的なこととか、平均的なことっていうんですかね、そういうことを調べたりしますね。あと、仕事に関する技術的なことはネットで調べます。

ネットワークでつながる友人もいるが、つながりは限定的である。

　フェイスブックは、主に大学のお友だちがいろんな所、仕事をしていて情報をくれたり、「こういうのを設計したよ」とか、仕事の内容が同業者じゃなくても、それ以外の仕事の人とかを見るなんか、自分も励まされるっていうか。それ以外のことは、あまりしない。

このＡさんの事例から浮かび上がってくるネットワーク構造は、以下のようにまとめられる。まず、子どもを通じて形成された町内会を中心とするコミュニティのなかに本人を含めた家族が埋め込まれ、そこから子育てについての情緒的サポートと道具的サポートを受けていた。その外延に広がる地域ネットワークである病院や介護サービスからは、治療・介護およびその計画についての直接的道具的サポート、費用についての経済的サポートを受けている。自

身の親も情緒的ならびに道具的サポート手であるが、相手の負担が大きくならないように調整が図られている資源である。さらにそれらとは独立した別のネットワークとして職場が存在し、勤務時間調整という道具的サポートと収入保障を受け、ワークライフバランスの後ろ盾となっている。インターネットも限定的な情報資源として活用されている。

　地域ネットワークには、子どもがコミュニティ内を行き交うことによって、互いの子どもの面倒を見るかたちで互酬性の規範が働く場となっている。その外延の介護サービスは、介護保険制度そのものが互酬性に基づく制度であるのだが、十全に受けられるかどうかについては、どの病院にかかり、誰がケアマネージャーとなるかという、多分に個別的な運に左右される。Aさんの場合にはそれが、うまくいった例である。

　ネットワークを通じサポートを受けたことは、他者に対しても自分ができることを返していこうとする互酬性の規範を個人のなかに育む。実際のところ、自分の時間が持てず、趣味やボランティアにも参加できないのではとの質問に対し、「今回できるチャンスだと思って来た」という答えが返ってきた。さらに、自分と同じような立場の人について、次のような語りがあった。

　　会社の取引先の方なんかはたまに、やっぱり介護をしなければならないので退職をされたんだっていうことも聞くんですけど。もったいないなって、私はいつも思います。今、昔と違っていろいろサービスも充実しているし、それの利用、自分がもし知っとけばアドバイスできたのになって。

　地域コミュニティと職場、それに家族は、夫の介護という事態に直面する前から蓄積されていたSCであった。しかしもし介護という事態が生じなければ、これほどまで重要な資源として認識されなかった可能性がある。介護サービスという新たなSCも含め、いかにそれぞれを効率的に使い分けることで関係性を維持していくか、ここにはその工夫も見ることができる。それと同時に、自らが助けられているからこそ、同じようにサポートを必要とする人がいれば助けていこうとする互酬性が育まれる結果となっているといえる。

2. 上の子の看護をしながらの下の子の出産・育児

　2つ目のケースは福岡市在住のBさんである。Bさんは看護学校を卒業後、看護師として4年間勤務をした後、結婚、出産した。当初、仕事を続けるつもりでいたが、子どもに先天性の疾患があることがわかり、24時間の看護を必要とするため、仕事は辞めた。近所に住む夫の両親の保有していた土地に建てた現在の住居に暮らし、4年目である。
　看護師の資格を持っていることは、子どもの看護をするうえでは確かにプラスだが、逆にマイナスに感じることもある。

> 欠点もあって、やっぱりお母さんが看護師だから大丈夫だとか。お母さんに任せておけば大丈夫ってなっちゃって、なかなかたいへんですよね、それはそれで。「もう大丈夫よね」、とんとんみたいにされると弱音吐くのもできなくなるし。うん、難しい。全部私に「どう思う？」「どうする？」みたいな感じでくるから。でも私が決めさえすれば、何となくうまく行くじゃないけど。流れては行くから、誰かがしなくちゃいけないことをやったっていうだけで。何か、そう思えてきましたね、6年も過ぎると。

　子どもに対する支援としては週3回2時間ずつ、特別支援学校からの訪問教育が行われている。また訪問看護師が週5回来てお風呂に入れてくれる。下の子どもを出産してからはヘルパーにも来てもらっている。訪問教育により日常生活に変化ができた。

> 小学校に上がって、何だろう、変わり映えもしない、ただ時間が流れていく毎日に、少し変化ができた。すごい楽しくなった。彼がよく日中充実して過ごすと、夜すごく寝るんですよ。すると、こっちも休めるみたいなリズムになってきたので、今はいい感じに流れてますね。だから週3回って何かすごく大きくて。ありがたいですよね。全然違いますね。

子どもは2週間に1回入院の必要があり、そのときには実家にサポートしてもらっている。また下の子どもがたいへんなときには、義理の両親にも来てもらう。しかしサポートのメインは訪問看護師とヘルパーである。買い物等は訪問看護師が来てくれている1時間半の間にまとめて行っている。外に出ることもストレス発散になる。医療吸引ができるヘルパーのときには出かけられるが、そうでない場合は絶対に出かけられないので、来てくれている間に家事等を行っている。医療ケアが必要な子どもはたくさんいるが、医療行為ができるヘルパーが限られるので、取り合いの状態になっている。ヘルパーには日頃から感謝しており、待遇などが改善されればよいのにと感じている。

> まだまだ結構、ボランティア色の強い職業っていうか、ボランティアでやっている部分が大きかったりとかはすると思いますね。やってもらっていうのも何ですけど。お給料はあげているとはいえ。でも勤務時間には入ってない時間もいてもらえたりとか。何とも頭の下がる職業だなとは思いますね。制度化してしっかり具体化してくれれば、働く人も働きやすくなるしとか思うんですけど。…（中略）…もうちょっと福岡市にがんばってほしいことです。今いい方向に動いてはきているみたいなんですけどね。

　就学前は月に1回程度、療育センターに通っていた。最も交流があるのは、子どものことを通じて知り合った療育センターの母親たちである。療育センターの母親から得る情報は、園や学校のこと、あそび場などについてなど、様々である。

> この子のおかげで東部療育センターっていうのが近くにあって、そういう所で同じ世代のお母さんたちと交わったり。だから、校区は全然違うんですけどそういうとこでのコミュニティにつながりはありますね。
> 　…（中略）…
> インフルエンザとかがはやる時期は、やっぱり、どうしてもうちの子、呼吸器ついてるから市の建物、物だから、安全第一というか。規定が厳しく

てですね、なかなか行けなかったんです。そういう感じでしか行けなかったけど、お母さん同士はとてもいい世代、オープンでとてもウエルカムなお母さんたちだったんですよね、その当時のグループが。月に1回しか通ってなかったけど仲良くさせてもらって、今でもお付き合いがありますね。

母親間で普段はLINEでやり取りをして、時間があるときに読む。身動きがとりやすいお母さん同士は一緒に出かけたりしているようだが、自分の子どもの状況ではそれは難しい。相談する相手は、問題が家族のことであれば訪問看護師やヘルパーに、学校の様子が知りたければほかのお母さんに、と選択している。

　抱えている問題が家族のことだったら、訪看さんとか。そのなかでも頻繁に会うヘルパーさんに話すし。学校のことで他の学校のようすが知りたいとなったら、他のお母さんだったり、私はケースによって聞く人を変えて話す人を変えます。1人だけっていうのは、なかなかないですね。

学校時代の友人とのつながりもあるが、自分が出かけられないので、子どもを連れて遊びに来てもらい、食事会などをしている。子どもは構われると怖いけれど、遠くから見ているのは楽しい様子なので、そういう経験をたくさんさせたいと考えている。
　夫は夜9時過ぎにしか帰宅しないため、平日はサポートを得られない。休日はよくしてくれる。車で40分ほどの距離にある実家にも助けてもらうことがある。

　主人は朝行って、夜、9時ぐらいにしか帰ってこないので、寝ているんですよ、子どもたち。なので日中のことは、全部私がして休日になったらすごく手伝ってはくれるんですけど。平日は、ヘルパーさんと訪看さんが頼みの綱みたいな感じです。あとは実家から両親が手伝いに来たりするのも食材を運んでくれたり、そういうお手伝いはしてくれてますけれど。

子どもから目が離せないのでなかなか外に出られないことに加え、周りには高齢者世帯が多く、数少ない若い世帯は日中仕事に出ているため、義理の両親を除き、近所との交流はあまりない。

　　なかなかこういう生活だから難しいっていうのがあったんですけれど、ここ結構、ちょっと古い集落というか。お隣も裏も、ちょっとご高齢っていうか、私と世代は一緒じゃないんですよ。みんな、結構年配。たまに若い方いらっしゃるんですけれど、日中共働きに出てあるから関わりがなかったりなかなかこの周りは、いないですよね。

　町内会との付き合いは夫がしてくれている。役員が回ってくるときに、事情を話して免除してもらえるのか、今から不安を抱えている。

　　（町内会の役員とかも）多分回ってくると思います。そのときは、本当にどうしようかと考えています。事情を話していいってと思ってくれる人とそうじゃないっていう人は、きっといるだろうから。

　自分自身は人付き合いがあまり好きではないが、親の付き合いが子どもに反映したりするというのを聞くため、「はぐれることもなく、輪に入り過ぎることもなくやっていきたい」と考えている。とくに下の子どものために同年代の友だちを作りたいが、難しい。

　　この子のためにも近所にお友だちは作りたいけど。ちょっと離れたらいるけど近くにはいないし、かといって、公園とかに連れて行くのにもなかなか難しかったりするから。

　情報については多いことを歓迎しつつも、弊害を指摘する。

　　情報があり過ぎて逆に選ぶのが難しいっていうのも、感じないことはない。良くなってきた証拠なんでしょうけど、いろいろあり過ぎて。この子

が将来行くであろう幼稚園もいろんな形式があって、結局、何がいいのかわからなくて。本当に大事なものって何だっけっていうのがわかりにくくなってる。そういうのも思ったりね。

2番目の子どもを持つにあたっては、妊娠計画から緻密に行い、上の子どもが2週間に1回入院するタイミングに合わせ、陣痛促進剤を打ってもらい、出産した。本当は上の子どもを短期入所などさせなければならないところだったが、呼吸器をつけている未就学児を受け入れてくれる先はなかなかなく、母親自身も子どもから離れ難かったので、同じ病院に頼み込んでの出産だった。

私は結構、融通を利かしてもらってるほう、特別の特例でしたけどね。でも、今度何かあって倒れたときが、また行く場所がない。どうするかっていう問題があります。そういうのも、療育センターのときのお母さんたち同士で情報が回ってくるんですよ、医療関係者よりも先にやっぱりお母さんネットワークって、普通のことでもそうですけど、ほんとに早い。詳しいですね、みんな。どこよりも知っていますね。「誰かが、ね、声を大にして」とかいうけどなかなかね、外に殊なことだから出にくいし。それが社会に反映するなんて珍しいけど。こういうコミュニティは、どんどんどんどん結束が強まっていっているかな。

そうしたコミュニティがあったことが、2番目の子どもを持とうとする意識にもつながったと考えられる。

こういう子が産まれたからこそきょうだいを、みたいな思いに行きつく時代になりましたね。これもまた不思議な話、10年ぐらい前はやっぱり障害の子が産まれたら、もうきょうだいはみたいな感じの考えだったらしいんですよ。それだけのサポートもなかったからだと思うんですけど。ある時代を境に、その10年ぐらいですよね、急にみんなきょうだい児をつくり始めたみたいな時代になっていったみたいなことはいってありましたね、先輩のお母さん方が。だから、私たちの周りは、もう本当にきょうだい児を

つくってる方、多いですよね。…（中略）…サポートしてくれてるおじいちゃん、おばあちゃん世代の人たちも、ちょっと、若くなったっていったらあれだけど。40代、50代になったら、頭が柔らかいっていうか。隠しとこうかというタイプではなくなったので。「手伝うからきょうだいつくりなさいよ」みたいな時代になってるっていうのは感じますね、すごく。そういうのもあって、周りも、「産んだら」みたいに。「手伝うから」っていってくれて。

さらに将来については次のように語られた。

まず行く先が今はない。あと10年もしたら、多分行けるところは出てくるんでしょうけど。もう、いよいよとなったら、私が事業始めてもっていう考えまでうっすら考えてたりとかします。やっぱり、何かそれなりに社会参加まではいかなくても、ちょっと人生が豊かになるようなお手伝いができたらなとか思ってはいますね。ただ、自分の子どもを見て、お金が出るわけではないので、そこらへんがネックですよね。この家のなかだけでは限りがあるし。他との関わりもほしいし。かといって、お金がないと何もできないしっていうので、いろいろ考えたりとかしてるんですけど。でも、やっぱり親って同じように考えるんですね。そうやって、親御さんが立ち上げて自分の子どもを育てるってところってあるので。そういうところに話を聞きに行ったりとか。そういう先駆者に見習ってじゃないですけど。うっすら将来は描いてます、私は。

　Bさんにとって日常的に欠かすことのできないSCとは訪問看護、ヘルパー、訪問学級で、いずれも公的扶助による道具的サポートであると同時に、心理的サポートとしても重要である。それに比べると親は補助的サポートとして位置づけられる。Bさん一家は夫の地元に暮らし、町内会にも属しているものの、そこへの帰属意識は薄い。その理由はBさん自身が子どもの看護のために家を離れられない状況に置かれていることに加え、近隣は高齢者世代が多く、同年代はいても就労しているため顔を合わせる機会がないことが大きい。

Bさん自身がコミュニティと呼ぶ範囲は、療育センターからつながるネットワークである。子どもの障害という共通項でつながる人々の間には、互酬性と信頼感が築かれている。

また医療センターからの情報以上に、母親同士の情報ネットワークの果たしている役割は大きい。1人1人の経験が積み上がって蓄積されている知識は、彼女たちのコミュニティ全体のSCをなしている。Bさんの場合は将来的に、自分の子どもを見ながら事業を立ち上げることを考えており、そのモデルとする先駆者も存在している。そしてもしBさんが事業を立ち上げれば、それが障害を持つ子どもを育てる母親のコミュニティに再び資するSCとなるだろう。

3．考察

以上2つのケースを紹介してきたが、両者の共通性の1つは用途によりSCの使い分けがなされている点にある。特定の資源に頼り過ぎると過重負担となり、制度疲労を起こす恐れがある。その危険性を察知し、活用すべきSCの選択が意識的に行われている。とくにこれまでの章で自分の親は育児に際して最も頼りにされがちであったかが、彼女たちはいざというときに備え、日常的に依頼することをさし控えている。その代わりに公的制度が、両ケースとも上限いっぱいにフル活用されている。

こうした公的支援の充実は、福祉国家における互酬性の規範に基づいて成立している。Aさんの夫の介護には介護保険制度が、Bさんの子育てには障害者総合支援法に基づく制度が充実することによって、成り立っている。ヘルパーはじめ提供者個人に対して感謝を示しつつも、サービスを利用することそのものには負い目を感じずにいられる点は、重要である。サービスを受けることが市民に与えられた共通の権利だと認識されているからこそ、Bさんは自らが看護師という資格を有していることによって、適用される範囲が狭まることに割り切れなさを覚えるのだといえよう。

また公的支援以外に重要となっているSCが、ともに子どもを通じて作られたものである点でも、両者は共通している。Aさんの場合には町内の子ども会が介護と職業の両立を側面支援し、Bさんの場合には療育センターの母親た

ちのつながりが2人目の子どもを持とうとする際にも、障害を持つ子どもの将来を考えるうえでも指針となっている。つまり、子どもは親のネットワークにおけるブリッジをなしている（Granovetter 1973＝2006）。

　両者が異なるのはそのコミュニティの範囲である。Aさんの場合には公営住宅を起点とした近隣コミュニティへの帰属意識が高く、それが子育てにおいては最大のSCとして機能している。また職場も、時間的配慮等を提供するなど介護に際しSCとしての機能を果たすコミュニティとなっている。他方Bさんの場合には、町内会に所属していても近隣との関係性は薄く、それよりも療育センターを起点とした障害を抱える子どもを持つ母親たちのつながりが重要なコミュニティといえる。

　そのことが、自身の経験から得たものを今度は他者のために生かそうとする方向性の違いへと、つながっていく。Aさんは、介護をしながら仕事を続けるための方策を個人的に伝えたいと考えている。その根底には、制度は誰に対しても同じように開かれているという、社会に対する一般的信頼が存在する。一方、Bさんに障害児の世話をしつつ次の子どもを出産し、子育てをすることを可能にしたのは、コミュニティのなかに蓄積されてきた先輩の母親たちの経験であり、彼女自身の経験も後に続く人に活用される資源となっていくことが予測される。さらにBさんは将来的に事業を起こす可能性を視野に入れているが、その際にもコミュニティ内の経験の蓄積が活用されることになるだろう。そこに広がっているのは互酬性の規範である。こうした点に、三隅がSC概念を用いるメリットとして掲げていた、社会的ネットワークの構造が社会規範を規定する側面が現れているのであり、SCの概念を用いることの意義を見出すことができると考える。

　第3章で家族とSCについて論じた際に、家族以外のいかなるSCを頼りとすることができ、活用可能であるかが、とくに依存労働をするにあたって重要になってくると述べた。この章では、SCの展開を通じて、公共圏に依存労働が持ち出される様相を観察できた。

　ただし、そこには課題も残る。それは、SCが女性間のブリッジにとどまることによって、依存労働が女性の負担になる状況については何ら解消されない点にある。互酬性の成り立っているコミュニティは母親同士のつながりによっ

て作られ、道具的 SC であるケアマネージャーも訪問看護師もヘルパーも、その性別は女性である。それはケアを女性役割とし、女性の間で援助し合うとするジェンダー規範を逆に強めてしまう結果につながる。その状況をいかにして打破することができるのかが、今後の課題といえる。

参考文献

赤石千衣子，2014，『ひとり親家庭』岩波書店．
Alvarez, E.C., Kawachi, I. and Romani, J. R., 2017, "Family social capital and health — a systematic review and redirection", *Sociology of Health & Illness*, 39(1): 5-29.
青山泰子，1999，「在宅高齢者の福祉サービス利用の有効性と課題──コミュニティ・パートナーシップ概念を用いて」『現代社会学研究』12：54-70．
新谷周平，2007，「ストリートダンスと地元つながり──若者はなぜストリートにいるのか」本田由紀編『若者の労働と生活世界──彼らはどんな現実を生きているか』大月書店：221-52．
Beck, U., 1986, *Riskogesellshaft: Auf dem Weg in eine andere Moderne.*（＝1998，東廉・伊藤美登里訳『危険社会──新しい近代への道』法政大学出版局）
Belle, D., 1987, "Gender Differences in the Social Moderators of Stress", R. C. Barnett, L. Biener and G. K. Baruch eds., *Gender and Stress*, Free Press.
Bott, E., 1955, "Urban Families: Conjugal Roles and Social Networks", *Human Relations* 8：345-384.（＝2006，野沢慎司訳「都市の家族──夫婦役割と社会的ネットワーク」野沢慎司編・監訳『リーディングス　ネットワーク論──家族・コミュニティ・社会関係資本』勁草書房：35-91）
Bourdieu, P., [1979] 1982, *La distinction: Critique sociale du jugement*, Minuit.（＝1990，石井洋二郎訳『ディスタンクシオン──社会的判断力批判２』藤原書店）
Bourdieu, P., 1980 'Le capital Social' [liminaire], *Actos de Recherche en Sciences Sociales*, 31：2-3．（＝1986，「『社会資本』とは何か──暫定的ノート」『actes』No. 1：30-36）
──，1986, "The Forms of Capital", J. G. Richardson ed., *Handbook of Theory and Research for the Sociology of Education*, Greenwood：241-258．
Bourdieu, P., et J. C. Passeron, 1970, *La reproduction: Éléments pour une théorie du système d'enseignement*, Minuit.（＝1991，宮島喬訳『再生産──教育・社会・文化』藤原書店）
Brown, P., 1990, "The 'Third Wave': Education and the Ideology of Parentocracy", *British Journal of Sociology of Education*, 11：665-85.
──，1995, "Cultural Capital and Social Exclusion: Some Observations on Recent Trends in Education, Employment and the Labour Market", *Work Employment and Society*, 9(1)：29-51.（＝2005，稲永由紀訳「文化資本と社会的排除──教育・雇用・労働市場における最近の傾向に関するいくつかの考察」住田正樹・秋永雄一・吉本圭一編訳『教育社会学──第三のソリューション』九州大学出版会：597-622）
Carpiano, R. M., 2008, "Actual or Potential Neighborhood Resources for Health: What can Bourdieu Offer for Understanding Mechanisms Linking Social Capital to Health?" I. Kawachi, et al. eds., *Social Capital and Health*, Springer.（＝2008，「健康に影響を及ぼす近隣の実態的・潜在的リソース──ソーシャル・キャピタルと健康を結ぶメカニズム理解にブルデューは何をもたらすか」イチロー・カワチ，S. V. スブラマニアン，ダニエル・キム編著『ソーシャル・キャピタルと健康』日本評論社：133-49）
Cassel, J., 1974, "Psychological Processes and 'Stress': Theoretical Formations", *International Journal of Health Science*, 4：471-82.
崔貞美，2008，「妻たちの生活ストレーン──フルタイム就業はなぜストレーンが高いのか」安河内恵子編著『既婚女性の就業とネットワーク』ミネルヴァ書房：83-106．
千年よしみ，2016，「女性の就業と母親との近居──第２回・第５回全国家庭動向調査を用いた分析」『人口問題研究』72（２）：120-39．
Ciabattari, T., 2005, "Single Mothers, Social Capital, and Work-Family Conflict", *Upjohn Institute*

Working Paper, No.05-118.
Coleman, J. S. et al., 1966, *Equality of Educational Opportunity*, U. S. Government Printing Office.
Coleman, J. S. 1988, "Social Capital in the Creation of Human Capital", *American Journal of Sociology*, 94: 95-121.（＝2006, 金光淳訳「人的資本の形成における社会関係資本」野沢慎司編・監訳『リーディングス　ネットワーク論——家族・コミュニティ・社会関係資本』勁草書房: 205-38）
――, 1990, *Foundations of Social Theory*, Harvard University Press.（＝2004, 久慈利武監訳『社会理論の基礎（上）』青木書店）
Dewey, J., 1915, *The School and Society*, rev. ed., University of Chicago Press.（＝1957, 宮原誠一訳『学校と社会』岩波文庫）
Durkheim, E., 1895, *Les Règles de la Méthode Sociologique*.（＝1978, 宮島喬訳『社会学的方法の規準』岩波文庫）
柄本三代子, 2015,「被ばくの語られ方——テレビジョンにおける『現在』の理解」『社会学評論』65（4）: 521-540.
――, 2016,『リスクを食べる——食と科学の社会学』青弓社.
Farr, J., 2004, "Social Capital: A Conceptual History", *Political Theory*, 32(1): 6-33.
Field, J., 2008, *Social Capital (second edition)*, Routledge.
藤野敦子, 2002,「家計における出生行動と妻の就業行動——夫の家事育児参加と妻の価値観の影響」『人口学研究』31: 19-35.
福田順・久本憲夫, 2012,「女性の就労に与える母親の近居・同居の影響」『社会政策』4（1）: 111-22.
埴淵知哉・近藤克則・村田洋平・平井寛, 2010,「『健康な街』の条件——場所に着目した健康行動と社会関係資本の分析」『行動計量学』37（1）: 53-67.
Granovetter, M. S., 1973, "The Strength of Weak Ties", *American Journal of Sociology*, 78: 1360-80.（＝2006, 大岡栄美訳「弱い紐帯の強さ」野沢慎司編・監訳『リーディングス　ネットワーク論——家族・コミュニティ・社会関係資本』勁草書房, 123-58）
――, 1995, *Getting a Job : A Study of Contacts and Careers*, University of Chicago Press.（＝1998, 渡辺深訳『転職——ネットワークとキャリアの研究』ミネルヴァ書房）
Guptil, S. E., D. A. Copelton and B. Lucal, 2013, *Food and Society: Principles and Paradoxes*, Polity Press.（＝2016, 伊藤茂訳『食の社会学——パラドクスから考える』NTT出版）
濱中淳子, 2013,『検証・学歴の効用』勁草書房.
Hanifan, L. J. 1916, "The Rural School Community Centre", *The Annals of the American Academy of Political and Social Science*, 67: 130-8.
速水健朗, 2013,『フード左翼とフード右翼——食で分断される日本人』朝日新書.
林拓也, 2002,「地域移動と地位達成」原純輔編著『流動化と社会格差』ミネルヴァ書房: 118-44.
Healy, T., and S. Côté, 2001, *The Well-being of Nations: the Role of Human and Social Capital*, Paris: Organization for Economic Co-operation and Development.（＝2002, 日本経済調査協議会訳『国の福利——人的資本及び社会的資本の役割』日本経済調査協議会）
樋口明彦, 2006,「社会的ネットワークとフリーター・ニート——若者は社会的に排除されているのか」太郎丸博編著『フリーターとニートの社会学』世界思想社: 49-74.
平尾桂子, 2004,「子育て家族の教育戦略と母親の就労——進学塾通塾時間を中心に」本田由紀編著『女性の就業と親子関係——母親たちの階層戦略』勁草書房: 97-113.
広井多鶴子・小玉亮子, 2010,『現代の親子問題——なぜ親と子が「問題」なのか』日本図書センター.
平塚眞樹, 2006,「移行システム分解過程における能力観の転換と社会関係資本——『質の高い教育』の平等な保障をどう構想するか？」『教育学研究』73（4）: 391-402.

本多ハワード素子，2016，「管理職女性のネットワーク——社会人メンターの面接調査から」昭和女子大学女性文化研究所編『女性とキャリアデザイン』御茶の水書房．
本田由紀，2005，『多元化する「能力」と日本社会——ハイパー・メリトクラシー化のなかで』NTT出版．
——，2008，『「家庭教育」の隘路——子育てに強迫される母親たち』勁草書房．
朴澤泰男，2014，「女性の地域移動歴と所得の関係について——有配偶者の学歴に着目した考察」『一橋大学教育研究開発センター年報 2014』47-70．
堀有喜衣，2006，「若者のソーシャル・ネットワークの構造と機能——高校生の教育から職業への移行を事例として」『自治体学研究』（92）：22-7．
猪飼周平，2011，「地域包括ケアの社会理論への課題——健康概念の転換期におけるヘルスケア政策」『社会政策』2（3）：21-38．
稲葉昭英，1998，「どんな男性が家事・育児をするのか？——社会階層と男性の家事・育児参加」渡辺秀樹・志田基与師編『1995年 SSM 調査シリーズ15　階層と結婚家族』1995年 SSM 調査研究会？？？？．
——，2007，「ソーシャル・サポート，ケア，社会関係資本」『福祉社会学研究』4：61-76．
——，2011，「ひとり親家庭における子どもの教育達成」佐藤嘉倫・尾嶋史章編『現代の階層社会［1］格差と多様性』東京大学出版会：239-252．
稲葉陽二，2007，『ソーシャル・キャピタル——「信頼の絆」で解く現代経済・社会の諸課題（日本大学法学部叢書24巻）』生産性出版．
——編著，2008，『ソーシャル・キャピタルの潜在力』日本評論社．
——，2011，『ソーシャル・キャピタル入門——孤立から絆へ』中公新書．
稲葉陽二・大守隆・近藤克則・宮田加久子・矢野聡・吉野諒三編，2011，『ソーシャル・キャピタルのフロンティア——その到達点と可能性』ミネルヴァ書房．
稲葉陽二・金光淳・近藤克則・山内直人・辻中豊・大守隆，2014，『ソーシャル・キャピタル——「きずな」の科学とは何か』ミネルヴァ書房．
稲葉陽二・吉野諒三，2016，『ソーシャル・キャピタルの世界——学術的有効性・政策的含意と統計・解析手法の検証』ミネルヴァ書房．
井上智代・片平伸子・平澤則子・藤川あや・飯吉令枝・高林知佳子，2013，「日本におけるソーシャル・キャピタルと健康に関する文献研究」『新潟県立看護大学紀要』2：10-15．
乾彰夫，2010，『「学校から仕事へ」の変容と若者たち——個人化・アイデンティティ・コミュニティ』青木書店．
——編，2013，『高卒5年どう生き，これからどう生きるのか——若者たちが今「大人になる」とは』大月書店．
石井クンツ昌子，2013，『「育メン」現象の社会学——育児・子育て参加への希望を叶えるために』ミネルヴァ書房．
石井洋二郎，1993，『差異と欲望——ブルデュー『ディスタンクシオン』を読む』藤原書店．
石川由香里，2009，「子どもの教育に対する母親の地域移動効果——地域間ジェンダー格差との関わり」『教育社会学研究』85：113-33．
——，2011，「進学に向けての地域格差とジェンダー格差——背景にあるケア役割への期待」石川由香里・杉原名穂子・喜多加実代・中西祐子『格差社会を生きる家族——教育意識と地域・ジェンダー』有信堂：61-80．
——，2015，「女性の就労形態と社会関係資本」『活水論文集　健康生活学部編』58：61-74．
岩間暁子，2008，『女性の就業と家族のゆくえ——格差社会のなかの変容』東京大学出版会．
岩井香奈江，2008，「母親の就業と子どもの受験——脱近代型『教育する家族』の出現」安河内恵子編著『既婚女性の就業とネットワーク』ミネルヴァ書房：189-99．

岩田正美・大沢真知子編著日本女子大学現代女性キャリア研究所編，2015，『なぜ女性は仕事を辞めるのか――5155人の軌跡から読み解く』青弓社．
城内君枝，2007，「保護者の学級担任に対する信頼――X県Y市立小学校の保護者に対する質問紙調査の分析から」『学校教育研究』22：163-75．
春日キスヨ，1997，『介護とジェンダー――男が看とる女が看とる』家族社．
――，2001，『介護問題の社会学』岩波書店．
工藤遥，2013，「都市の子育てをめぐるサポートシステム」『現代社会学研究』26：55-71．
金子勇，2009，『社会分析――方法と展望』ミネルヴァ書房．
神原文子，2004，『家族のライフスタイルを問う』勁草書房．
――，2007，「ひとり親家族と社会的排除」『家族社会学研究』18（2）：11-24．
片岡栄美，2009，「格差社会と小・中学受験――受験を通じた社会的閉鎖，リスク回避，異質な他者への寛容性」『家族社会学研究』21（1）：30-44．
Kawachi, I., S. V. Subramanian and D. Kim eds., 2008, Social Capital and Health, Springer.（＝2008, 藤沢由和・高尾総司・濱野強監訳『ソーシャル・キャピタルと健康』日本評論社）
川崎道子・宮地文子・佐々木明子，2008，「育児不安・育児ストレスの測定尺度開発に関する文献検討（1983年～2007年）」『沖縄県立看護大学紀要』9：53-60．
川島ゆり子，2015，「生活困窮者支援におけるネットワーク分節化の課題」『社会福祉学』56（2）：26-37．
吉川徹，2001，『学歴社会のローカル・トラック――地方からの大学進学』世界思想社．
木村和美，2008，「マイノリティによるネットワーク形成と社会関係資本――被差別部落A地区における保護者組織を事例に」『教育社会学研究』83：65-83．
喜多加実代，2011，「子どもの『主体的進路選択』と親のかかわり」石川由香里・杉原名穂子・喜多加実代・中西祐子『格差社会を生きる家族――教育意識と地域・ジェンダー』有信堂：147-68．
――，2012，「家庭教育への要請と母親の就業――母親の就業を不利にする教育のあり方をめぐって」宮島喬・杉原名穂子・本田量久編『公正な社会とは――教育，ジェンダー，エスニシティの視点から』人文書院：118-37．
Kitty, E. F., 1999, Love's Labor: Essays on Women, Equality and Dependency, Routledge（＝2010, 岡野八代・牟田和恵監訳『愛の労働あるいは依存とケアの正義論』白澤社）
近藤博之，2001，「高度経済成長期以降の大学進学機会――家庭の経済状態からみた趨勢」『大阪大学教育学年報』6：1-12．
小原美紀・大竹文雄，2009，「子どもの教育成果の決定要因」『日本労働研究雑誌』51（7）：67-84．
小坂千秋・柏木恵子，2007，「育児期女性の就労継続・退職を規定する要因」『発達心理学研究』18（1）：45-54．
小杉礼子・宮本みち子編著，2015，『下層化する女性たち――労働と家庭からの排除と貧困』勁草書房．
厚生労働省，2014，『グラフでみる世帯の状況　国民生活基礎調査（平成25年）の結果から』厚生労働統計協会．
厚生省，1998，『厚生白書（平成10年版）』．
小山静子，1999，『家庭の生成と女性の国民化』勁草書房．
久保桂子，2001，「働く母親の個人ネットワークからの子育て支援」『日本家政学会誌』52（2）：135-45．
黒沢幸子，2004，「自分自身をとりまく人間関係――周囲とのかかわり」ベネッセ教育総合研究所『第1回子ども生活実態基本調査報告書』56-71．
Lambert, S. J., 1999, "Lower-wage workers and the new realities of work and family", Annals, The American Academy of Political and Social Science, 562：174-190．

Lareau, A., 2003, *Unequal Childhoods: Class, Race, and Family Life*, University of California Press.
Leonard, M., 2005, "Children, Childhood and Social Capital: Exploring the Links", *Sociology*, 39(4): 605-22.
Lin, N., 2001, *Social Capital: A Theory of Social Structure and Action*, Cambridge University Press. (＝2008, 筒井淳也・石田光規・桜井政成・三輪哲・土岐智賀子訳『ソーシャル・キャピタル――社会構造と行為の理論』ミネルヴァ書房)
Lowndes, V., 2006, "It's Not What You've Got, But What You do With it: Women, Social capital, and Political Participation", B. O'Neill and E. Gidengil eds., *Gender and Social Capital*, Routledge: 213-40.
前田正子, 2000, 「共働き世帯における夫の家事・育児分担についての分析」『家計経済研究』(48): 68-74.
前田尚子, 2004, 「パーソナル・ネットワークの構造がサポートとストレーンに及ぼす効果――育児期女性の場合」『家族社会学研究』16 (1): 21-31.
牧野カツコ, 1981, 「育児における〈不安〉について」『家庭教育研究所紀要』2: 41-51.
――, 1982, 「乳幼児をもつ母親の生活と〈育児不安〉」『家庭教育研究所紀要』3: 34-56.
間々田孝夫編, 2015, 『消費社会の新潮流――ソーシャルな視点 リスクへの対応』立教大学出版会.
松田武雄, 2007, 「社会教育におけるコミュニティ的価値の再検討――社会教育概念の再解釈を通して」『教育学研究』74 (4): 518-29.
松田茂樹, 2001, 「育児ネットワークの構造と母親のWell-Being」『社会学評論』52 (1): 33-49.
――, 2008, 『何が育児を支えるのか――中庸なネットワークの強さ』勁草書房.
――, 2010, 「子育てを支える社会関係資本」松田茂樹・汐見和恵・品田知美・末盛慶『揺らぐ子育て基盤――少子化社会の現状と困難』勁草書房: 91-113.
松井真一, 2010, 「既婚女性の就業とサポート・ネットワーク――多項ロジット・モデルによる就業形態とネットワークの比較分析」『立命館産業社會論集』46 (3): 125-41.
松木洋人, 2013, 『子育て支援の社会学――社会化のジレンマと家族の変容』新泉社.
松岡亮二, 2015, 「父母の学校活動関与と小学校児童の学校適応――縦断データによる社会関係資本研究」『教育社会学研究』96: 241-62.
――, 2016, 「学校外教育活動参加における世帯収入の役割――縦断的経済資本研究」『教育社会学研究』98: 155-75.
目黒依子, 1987, 『個人化する家族』勁草書房.
耳塚寛明, 2007, 「小学校学力格差に挑む――だれが学力を獲得するのか」『教育社会学研究』80: 23-39.
三隅一人, 1999, 「女性の社会移動と階層特性――1995年SSMデータによる分析」『比較社会文化研究』5: 113-22.
――, 2013, 『社会関係資本――理論統合の挑戦』ミネルヴァ書房.
三菱総合研究所, 2011, 『平成22年度「教育改革の推進のための総合的調査研究」――教育投資が社会関係資本に与える影響に関する調査研究』.
三浦綾希子, 2013, 「フィリピン系ニューカマーのネットワーク形成と教育資源――家事労働者の母親に注目して」『異文化間教育』37: 116-26.
宮田加久子, 2005, 『きずなをつなぐメディア――ネット時代の社会関係資本』NTT出版.
Molyneaux, M., 2002, "Gender and the Silences of Social Capital: Lessons for Latin America", *Development and Change*, 33(2): 167-88.
森岡清志, 2011, 「ソーシャル・キャピタルの集合的効果」『放送大学研究年報』29: 1-11.
村上あかね, 2006, 「ジェンダーとフリーター・ニート――性別役割分業は若者の就業にどう影響するのか」太郎丸博編著『フリーターとニートの社会学』世界思想社: 75-96.

永瀬伸子，2012,「第1子出産をはさんだ就業継続，出産タイミングと夫婦の家事分担——北京・ソウルと日本の比較」『人口問題研究』68（3）：66-84.
内閣府，2003,『ソーシャル・キャピタル——豊かな人間関係と市民活動の好循環を求めて』．
——, 2005,『コミュニティ機能再生とソーシャル・キャピタルに関する研究——調査報告書』．
——, 2015,『平成27年版 少子化社会対策白書』．
中井美樹，2011,「消費からみるライフスタイル格差の諸相」佐藤嘉倫・尾嶋史章編『現代の階層社会1——格差と多様性』東京大学出版会：221-38.
中村由香，2012,「社会教育における家族の位置——ネットワーク論的アプローチの観点から」『生涯学習基盤経営研究』37：1-10.
中西祐子，1993,「ジェンダー・トラック——性役割観に基づく進路分化メカニズムに関する考察」,『教育社会学研究』53：131-54.
——, 2012,「教育におけるジェンダーとペアレントクラシー——親が娘と息子にかける教育期待の違い」宮島喬．・杉原名穂子・本田量久編『公正な社会とは——教育，ジェンダー，エスニシティの視点から』人文書院：100-17.
中野あい，2009,「夫の家事・育児参加と妻の就業行動——同時決定バイアスを考慮した分析」『日本統計学会誌シリーズJ』39（1）：121-35.
中野諭，2015,「夫の家事分担比率が妻の労働参加に与える影響」『資料シリーズ 労働力需給の推計のための基礎研究——「社会生活基本調査」を用いたマイクロデータ分析』労働政策研究・研修機構，160：12-39.
中澤智恵・余田翔平，2014,「〈家族と教育〉に関する研究動向」『教育社会学研究』95：171-205.
日本労働組合総連合会，2013,「マタニティ・ハラスメントに関する意識調査」(2017年12月20日取得，http://www.jtuc-rengo.or.jp/info/chousa/data/20130522.pdf).
日本総合研究所，2008,『日本のソーシャル・キャピタルと政策』．
西野淑美，2006,「女性の地域移動歴と教育・住宅所有の機会」『社会福祉』47：115-127.
野口裕二，2013,「親密性と共同性——『親密性の変容』再考」庄司洋子編『親密性の福祉社会学——ケアが織りなす関係』東京大学出版会：？？—？？.
農林水産省，2016,『食育に関する意識調査』．
野沢慎司編・監訳，2006,『リーディングス ネットワーク論——家族・コミュニティ・社会関係資本』勁草書房．
野沢慎司，2009,『ネットワーク論に何ができるか——「家族・コミュニティ問題」を解く』勁草書房．
落合恵美子，1989,『近代家族とフェミニズム』勁草書房．
——, 1998,「新しいパラダイムの課題」『家族社会学研究』10（1）：145-50.
O'Neill, B. and E. Gidengil, eds., 2006, *Gender and Social Capital*, Routledge.
大豆生田啓友，2006,『支え合い，育ち合いの子育て支援——保育所・幼稚園・ひろば型支援施設における子育て支援実践論』関東学院大学出版会．
大岡栄美，2006,「著者紹介・文献解題——マーク・グラノヴェター」野沢慎司編・監訳『リーディングス ネットワーク論——家族・コミュニティ・社会関係資本』勁草書房：155-8．
太田ひろみ，2014,「個人レベルのソーシャル・キャピタルと高齢者の主観的健康感・抑うつとの関連——男女別の検討」『日本公衆衛生雑誌』61（2）：71-85.
Parsons, T., 1956, "The American Family", T. Parsons and R. G. Bales, eds., *Family: Socialization and Interaction Process*, Routledge and Kegan Paul: 3-33.（=1981，橋爪貞雄他訳「アメリカの家族」『家族』黎明書房：16-59)
Plagens, G. K., 2011, "Social Capital and Education: Implications for Student and School Performance", *Education & Culture*, 27(1): 40-64.

Portes, A., 1998, "Social Capital: Its Origins and Applications in Modern Sociology", *Annual Review of Sociology*, 24: 1-24.

Putnam, R. D., 1993, *Making Democracy Work Civic Traditions in Modern Italy*, Princeton University Press.（＝2001，河田潤一訳『哲学する民主主義――伝統と改革の市民的構造』NTT出版）

――, 2000, *Bowling Alone: The Collapse and Revival of American Community*, Simon & Schuster.（＝2006，柴内康文訳『孤独なボウリング――米国コミュニティの崩壊と再生』柏書房）

――, 2015, *Our kids: the American Dream in crisis*, Simon & Schuster.（＝2017，柴内康文訳『われらの子ども――米国における機会格差の拡大』創元社）

酒井朗編著，2007，『進学支援の教育臨床社会学――商業高校におけるアクションリサーチ』勁草書房．

酒井厚・松本聡子・菅原ますみ，2014，「就労する母親の育児ストレスと精神的健康――職場も含めたソーシャルサポートとの関連から」『小児保健研究』73（2）：316-23.

佐々木洋成，2006，「教育機会の地域間格差――高度成長期以降の趨勢に関する基礎的検討」『教育社会学研究』78：303-20.

佐智子，2011，「社会関係資本に対する成人学習機会の効果――教育は社会的ネットワークを促進するか？」『日本社会教育学会紀要』47：31-40.

佐藤俊樹，2000，『不平等社会日本――さよなら総中流』中央公論新社．

佐藤裕子・山根真理，2007，「『食』と社会階層に関する研究――高校生に対する『食生活と家族関係』についての調査から」『愛知教育大学研究紀要』38：83-98.

志水宏吉，2014，『「つながり格差」が学力格差を生む』亜紀書房．

――, 2016，「経済・文化資本から社会関係資本へ――『力のある学校』の創造」佐藤学・秋田喜代美・志水宏吉・小玉重夫・北村友人編『学校のポリティクス（岩波講座・教育 変革への展望 第6巻）』岩波書店：129-159.

志水宏吉・中村瑛仁・知念渉，2012，「学力と社会関係資本――『つながり格差』について」志水宏吉・高田一宏編著『全国学力テストは都道府県に何をもたらしたか』明石書店：52-89.

下夷美幸，2015，「ケア政策における家族の位置」『家族社会学研究』27（1）：49-60.

Simmel, G., [1902] 1964, "The Metropolis and Mental Life", ed./ transl. K. H. Wolff, *The Socilogy of Georg Simmel*, Free Press: 409-24.

汐見和恵，2010，「乳幼児の子育てと親の悩み・不安――子育てへの社会的支援の質と量への期待」松田茂樹・汐見和恵・品田知美・末盛慶『揺らぐ子育て基盤――少子化社会の現状と困難』勁草書房：39-60.

白川俊之，2010，「家族構成と子どもの読解力形成――ひとり親家族の影響に関する日米比較」『理論と方法』25（2）：249-66.

Solow, R. M., 2000, "Notes on Social Capital and Economic Performance", P. Dasgupta and I. Serageldin eds., *Social Capital: A Multifaceted Perspective*, World Bank: 6-10.

Song, L., 2012, "Raising Network Resources while Raising Children? Access to Social Capital by Parenthood Status, Gender, and Marital Status", *Social Networks*, 34(2): 241-52.

杉原名穂子，2012，「個人化社会における再生産――階級とジェンダーをめぐって」宮島喬・杉原名穂子・本田量久編『公正な社会とは――教育，ジェンダー，エスニシティの視点から』人文書院：78-97.

――, 2014，「母親の社会関係資本と教育意欲――地域間比較調査から」『人文科学研究』135：21-46.

杉野勇，2001，「女性の職歴類型の計量的把握――フルタイム継続女性と専業主婦の比較を中心に」『現代社会学研究』14：95-114.

杉田真衣，2015，『高卒女性の12年――不安定な労働、ゆるやかなつながり』大月書店．

杉浦浩美, 2015, 「就労意欲と断続するキャリア――初職離職と転職・再就職行動に着目して」岩田正美・大沢真知子・日本女子大学現代女性キャリア研究所『なぜ女性は仕事を辞めるのか――5155人の軌跡から読み解く』青弓社：111-23.
住田正樹, 2014, 『子ども社会学の現在――いじめ・問題行動・育児不安の構造』九州大学出版会.
昭和女子大学女性文化研究所編, 2016, 『女性とキャリアデザイン』御茶の水書房.
高田朝子・横田絵理, 2015, 「日本企業の女性上級管理職が持つ人的ネットワークと昇進についての一考察――定性調査を中心として」『イノベーション・マネジメント』12：1-16.
高田一宏, 2008, 「同和地区における低学力問題――教育をめぐる社会的不平等の現実」『教育学研究』75（2）：180-191.
竹下修子, 2007, 「ムスリム家族における国境を越えた家族形成――教育戦略に対する社会関係資本の影響を中心にして」『家族社会学研究』18（2）：82-91.
Tanaka, R., 2008, "The gender-asymmetric effect of working mothers on children's education: Evidence from Japan", *Journal of the Japanese and International Economies*, 22: 586-604.
太郎丸博編著, 2006, 『フリーターとニートの社会学』世界思想社.
垂見裕子, 2015, 「香港・日本の小学校における親の学校との関わり――家庭背景・社会関係資本・学力の関連」『比較教育学研究』51：129-50.
立山徳子, 2010, 「都市度別にみた世帯内ネットワークと子育て――都心・郊外・村落間の比較検討」『家族社会学研究』22（1）：77-88.
友田泰正, 1970, 「都道府県別大学進学率格差とその規定要因」『教育社会学研究』25：185-95.
坪郷實編, 2015, 『ソーシャル・キャピタル』ミネルヴァ書房.
露口健司, 2016, 『ソーシャル・キャピタルと教育――「つながり」づくりにおける学校の役割』ミネルヴァ書房.
内田龍史, 2005 「ジェンダー・就労・再生産――社会的に不利な立場に置かれたフリーター女性の語りから」部落解放・人権研究所編『排除される若者たち――フリーターと不平等の再生産』部落解放・人権研究所解放出版社：374-384.
――, 2007, 「フリーター選択と社会的ネットワーク――高校3年生に対する進路意識調査から」『理論と方法』22（2）：139-53.
上間陽子, 2015, 「風俗業界で働く女性のネットワークと学校体験」『教育社会学研究』96：87-108.
上野千鶴子, 2011, 『ケアの社会学――当事者主権の福祉社会へ』太田出版.
渡辺深, 2014, 『転職の社会学――人と仕事のソーシャル・ネットワーク』ミネルヴァ書房.
渡邊大輔, 2014, 「子育てストレスと社会的サポート」辻竜平・佐藤嘉倫編『ソーシャル・キャピタルと格差社会――幸福の計量社会学』東京大学出版会：121-36.
Wellman, B., 1979, "The Community Question: The Intimate Networks of East Yorkers", *American Journal of Sociology*, 84: 1201-31.（＝2006, 野信二・立山徳子訳「コミュニティ問題――イースト・ヨーク住民の親密なネットワーク」野沢慎司編・監訳『リーディングス　ネットワーク論――家族・コミュニティ・社会関係資本』勁草書房：159-200）
黄順姫, 1998, 『日本のエリート高校――学校文化と同窓会の社会史』世界思想社.
Whitley, R., 2008, "Social Capital and Public Health: Qualitative and Ethnographic Approaches," I. Kawachi, et al. eds., *Social Capital and Health*, Springer.（＝2008, 「ソーシャル・キャピタルと公衆衛生――質的研究とエスノグラフィック・アプローチ」イチロー・カワチ, S. V. スブラマニアン, ダニエル・キム編著『ソーシャル・キャピタルと健康』日本評論社：151-178）
Woolcock, M., 1998, "Social Capital and Economic Development: Toward a Theoretical Synthesis and Policy Framework", *Theory and Society*, 27: 151-208.
――, 2001, "The place of social capital in understanding social and economic outcomes", *Isuma: Canadian Journal of Policy Research*, 2(1): 11-17.

山口のり子・尾形由起子・樋口善之・松浦賢長，2013，「『子育ての社会化』についての研究——ソーシャル・キャピタルの視点を用いて」『日本公衆衛生雑誌』60（2）：69-78.

山田昌弘，2009，「シンポジウム　経済の階層化と近代家族の変容——子育ての二極化をめぐって」『家族社会学研究』21（1）：17-20.

山岸俊男，1998，『信頼の構造——こころと社会の進化ゲーム』東京大学出版会．

山本香，2015，「難民がつくる新たなコミュニティの可能性——シリア難民が経営する学校をめぐって」『ボランティア学研究』15：127-39.

大和礼子，2004，「介護ネットワーク・ジェンダー・社会階層」渡辺秀樹・稲葉昭英・島崎尚子編『現代社会の構造と変容——全国家族調査［NFRJ98］による計量分析』東京大学出版会：367-85.

———，2009，「援助資源としての家族」藤見純子・西野理子編『現代日本人の家族——NFRJからみたその姿』有斐閣：199-220.

矢野眞和，2014，「教育家族の逆説」『現代思想』42（6）：173-85.

安河内恵子編著，2008，『既婚女性の就業とネットワーク』ミネルヴァ書房．

余田翔平，2012，「子ども期の家族構造と教育達成格差——二人親世帯／母子世帯／父子世帯の比較」『家族社会学研究』24（1）：60-71.

余田翔平・林雄亮，2010，「父親の不在と社会経済的地位達成過程」『社会学年報』39：63-74.

終わりに

　共同研究を始めようという話がまとまったのは、2000年の北海道で行われた学会でのことだったと記憶している。各自のフィールドはそれまで異なっており、同じ調査等に携わった経験はなかったものの、同時期にお茶の水女子大学の大学院に在籍していたことから、学んでいた理論のベースは共通していた。その1つが宮島喬先生のゼミを通じて学んだブルデュー理論であり、もう1つが江原由美子先生のジェンダー論であった。本著においても、それらがベースになっていることは、一読いただければおわかりになるだろう。
　そのころから日本の状況は、経済不況に伴う階層格差の拡大が社会問題化してきていた。とくに2008年のリーマンショックのあおりによって、いわゆる「派遣切り」にあった人々を救うための年越し派遣村の出現は、それまでも存在しながら見えないものとされてきた貧困の存在を、人々の前に突き付ける出来事であったといえる。2009年の10月に厚生労働省から子どもの貧困率が公表されると、それが先進国のなかでも憂慮すべき位置づけにあることも知られるようになった。そして子ども時代の貧困が学歴を経て就労機会の差に影響し、不安定就労につながる貧困の連鎖が注目されることにもなった。
　そうした子どもの社会的達成についての社会学での古典的研究としては、親の学歴や収入は確かに子どもの学歴・職業達成と関連が見られるものの、ダイレクトに影響を与えるよりも、そこには教育アスピレーションが介在しているという、ブラウとダンカンの理論が知られている。その後の実証研究においても、教育アスピレーションの重要性は繰り返し示されてきた。ただ、社会移動や達成についての研究は、父親と息子という男性モデルとして展開されてきたきらいがある。我々の違和感は、まずその点にあった。なぜなら日本において子育てを主に担っているのは、母親である。進学に際しても、子どもが相談を

する相手は、父親よりも母親の割合のほうが圧倒的に高い。そうであるならば、子どもの学歴達成プロセスを明らかにするためには、母親の働きかけがいかに関与しているかに焦点を合わせる必要があるのではないか。そうした問題意識から出発し、研究計画がスタートした。

幸運なことに2001年度から科学研究費の助成を受けることができ（課題番号12610229）、まずは母親の教育意識・教育行動を探るためのアンケート調査を企画した。その眼目はジェンダーと地域、子どもの成長段階の比較することにあった。そこで共同研究者それぞれが居住していた市区の保育園、幼稚園、小学校、中学校に調査用紙の配布を依頼し、1850票（回収率41.5％）の協力を得ることができた。その当時はまだ、このように学校を通じての調査依頼が可能な時代であったといえる。その後、急速に広まる情報化と呼応するかのように、個人情報保護の意識が高まったこともあって、学校を通じての調査は非常に困難になってきている。

このアンケート調査を通じて浮かび上がってきたジェンダー差や地域差が、子どもの成長につれてどのような影響を及ぼしていくのかをより詳しく探るため、2004年から再び科学研究費の助成を受け（課題番号24530688）、先の研究の対象者から協力者を募り、今度はインタビュー調査を敢行した。この２つの調査の結果をまとめたものが、有信堂から刊行させていただいた前著、『格差社会を生きる家族』であった。

各自が職を得て暮らしていた地域は、全員ともにそれぞれの出身地とは異なっており、いわば「よそ者」の目をもって生活してきたといえる。しかも全く偶然のことながら、それらは都道府県別に所得を並べると、ちょうど４分位に位置していた。日本各地からの人口を集める東京、九州内の集積地である福岡、中心産業が農業であった影響からか長男を地元に残そうとする傾向の残る新潟、若年男性が職を求めて他出し女性が地元に残る形で人口構成の偏りの大きい長崎と、それぞれの特徴は我々の目に新鮮なものとして映っていた。そして地域の人々のつながり方に次第に目が向くようになった。

我々のなかで本書のテーマとなっているソーシャル・キャピタル（SC）の概念について最初に触れたのは、新潟の巻町における原発反対運動を研究していた杉原であった。男の世界とされがちな政治的課題において、女性はいかに支

え手となり、また人々をつないでいるのかを明らかにすると同時に、つながり方そのものにもジェンダー差が存在することを伝えてくれた。

そのころちょうど、社会学においても SC をテーマとする研究発表や著作が増加してきていた。また女性のライフコースの多様性が広がり、とくに少子高齢化の進展のなかで女性の活躍推進が政治課題として挙げられるようになっていた。個人化が進み地域社会の崩壊が嘆かれる状況のなか、仕事と家庭の両立という困難を乗り越えるために、どのような関係の活用がなされているのかを知りたいと考え、今回の研究がスタートした。

前回のアンケート調査のときと異なり、学校の協力を得ることは難しいと予測されたため、調査対象者の選定は選挙人名簿ないし住民基本台帳をもとに行われた。逆にそのことによって未婚者あるいは子どものいない女性もサンプルに含めることができ、多様化するライフコースの比較をすることが可能となった。ちなみに前回の調査地であった新潟を除いた点については、直前に別の調査で対象となっていたことへの配慮があった。

ところが研究会を重ねるうちに我々を悩ませることになったのは、SC という概念の曖昧さであった。本文でも繰り返し書いている通り、その用いられ方は論者によって様々であり、その有効性についてさえも疑義がさしはさまれる状況にある。そこで本書の第1部を、概念整理にあてることとなった。ここで十分な議論が尽くされたとは思ってはいないが、我々のテーマに関わる部分の先行研究について、一応の振り返りができたのではないかと思う。

本書の後半部分は、調査に回答してくださった多くの方々の協力があればこそ、執筆できた内容である。とくにインタビューに応じていただいた皆様からは、調査内容を解釈し、読み解くうえでのヒントとともに、たくさんの学びを得ることができた。お一人お一人の貴重な体験を、惜しむことなく伝えていただいたことに、心から感謝申し上げたい。

そして振り返れば、こうして20年近くにわたり4人で一緒に研究を続けてくることができたことこそが、互いが SC となってつながってきたことの証左であるといえるのだろう。これからもどこまで関係をつなぐことができるのかが、楽しみである。

さいごに、遅筆な我々の原稿を辛抱強く待ってくださり、出版までサポート

してくださった有信堂の髙橋さんに、心よりお礼申し上げます。

2017年12月

事項・人名索引

ア 行

アルバレス（Alvarez, E. C.） 59
育児支援 76-79, 81-83
育児不安 59, 65, 81-83, 92
石川由香里 83, 142
依存労働 9, 192
一般的信頼 98, 100-102, 105, 115
稲葉昭英 59, 77, 125
稲葉陽二 6, 25, 31
乾彰夫 89, 90, 92
移民コミュニティ 38
上野千鶴子 68
上間陽子 90, 91
ウェルマン（Wellman, B.） 58
ウルコック（Woolcok, M.） 27
エコ・コンシャス消費 161, 163
エスニシティ 29
エスニック・マイノリティ 38
エリート 46
大豆生田啓友 66
落合恵美子 65
親の学校参加 32, 42, 43, 45, 46, 54
親の教育熱心度 53

カ 行

カーピアーノ（Carpiano, R. M.） 162
階級 20, 24, 29
介護 17, 68
階層 55, 95, 100, 102, 103, 107
格差 20, 29, 32, 53, 55, 56, 70, 78, 87, 107, 117-119, 121, 122, 130, 161
学閥 54, 55, 96, 118
学力 32-34, 36, 44-46, 54, 118, 119, 121, 125, 126
春日キスヨ 68
家族の個人化 58
片岡栄美 47-49, 84, 119, 127
カッセル（Cassel, J.） 60
葛藤理論 23

カワチ（Kawachi, I.） 159, 161
神原文子 125, 130
キティ（Kitty, E. F.） 72
機能主義 23, 24
規範 18, 21-28, 35, 96, 98, 100, 105, 108
木村和美 35-37
教育意識 102, 105, 106, 110, 141
教育格差 32, 36
教育行動 137
教育支援 35, 37, 38, 54
共感 19, 21, 22, 115
グプティル（Guptil, S. E.） 160
グラノヴェター（Granovetter, M. S.） 27, 86, 88, 89, 92, 97
ケア 69
ケアワーク 179
経済資本 17, 20, 25, 32, 36, 44, 45, 55, 95, 102, 107
経済的サポート 183
結束型 9, 26, 27, 34, 37, 38, 56, 86-88, 97, 110, 112, 113, 164, 169, 172, 173, 178
結束型個人財 35, 42-46, 50, 54, 55
結束型集合財 35, 38, 42, 43, 46, 48, 52, 54, 55
ゲマインシャフト 18, 27
健康 17, 157, 159, 161, 162, 164, 169, 178
健康リスク 158
権力 23, 24, 28
公共圏 192
構造的 SC 25
抗リスク消費 159, 160, 164, 168, 169, 172, 173, 176-178
コールマン（Coleman, J. S.） 4, 20-28, 33, 35, 38, 40, 42, 45, 46, 53, 59, 83, 95, 96, 97, 101, 103, 115, 117, 119-121, 124-126, 129, 134, 136, 137, 164, 172
コールマン報告 20, 96
互酬性 3, 23, 25, 26, 96, 98, 100, 101, 191
個人化 17, 22, 107
個人財 9, 26, 34, 35, 43, 56, 119

コミュニティ	17, 19-24, 26, 28, 35, 48, 58, 69, 95-97, 100, 101, 105, 107-113, 115, 183

サ 行

再生産	20, 24, 46, 55, 56, 83, 86, 88, 95, 102, 107, 121
サポート	57, 107
3歳児神話	62
三世代同居	59, 79, 81
ジェンダー	24, 29, 67, 142, 158, 193
私事化	69
自治会・町内会	119, 126, 188
志水宏吉	32, 43, 44, 46, 119, 126, 127, 134
市民社会	19, 21, 108
社会的信頼	3
集合財	9, 26, 34, 35, 56, 119
手段的見返り	81, 92
情緒的サポート	183
情緒的見返り	81, 88, 89
職業選択	49
食生活	157
食の安全性	158-164, 177
新・性別役割分業	81
人的資本	95, 107, 120
親密圏	69
人脈	47, 54
ジンメル（Simmel, G.）	28
信頼	21-26, 35, 96, 98, 100
信頼感	191
杉田真衣	90, 91
杉原名穂子	45
性サービス業	92
ソーシャル・サポート研究・論	59, 77, 78, 92

タ 行

第2の近代	22, 159
高田一宏	35, 36
竹下修子	35, 38, 40-42, 47-49
垂見裕子	42, 44-46
太郎丸博	89
地域移動効果	146
地域コミュニティ	32, 51, 162, 178
地域包括ケアシステム	69
中庸なネットワーク	8
つながり	36, 42, 43, 46, 53
強い紐帯	26, 86, 92, 97, 118, 136
デューイ（Dewey, J.）	18, 19, 29, 115
デュルケム（Durkheim, E.）	18, 23, 25, 28
テンニース（Tönnies, F.）	18, 27
道具的サポート	183

ナ 行

中井美樹	161
難民学校	50-52, 55
西野淑美	139
認知的SC	25
ネットワーク	3, 5, 18, 21, 23-29, 32, 33, 35-41, 47, 49, 50, 55, 82, 86, 88, 96-101, 103, 105, 107, 109, 110, 112, 113, 136, 150, 160-162, 169, 178, 179, 191
ネットワーク研究・論	57, 77, 78
野沢慎司	58

ハ 行

橋渡し型	9, 26, 27, 34, 56, 86, 88, 97, 110, 111, 113, 169, 178
橋渡し型個人財	35, 47-50, 54, 55
橋渡し型集合財	35, 50, 52, 54, 55
パットナム（Putnam, R. D.）	3, 17, 21-29, 33, 35, 48, 71, 95-98, 101, 108, 109, 115, 118, 126, 127, 137, 162
ハニファン（Hanifan, L. J.）	3, 19, 20, 21, 29, 115
被差別部落	35-38
平塚眞樹	47, 49, 50, 119, 127
貧困率	63, 77
貧者のエンパワメント	36, 46, 55
黄順姫（Whang Soon-Hee）	54
ブラウン（Brown, P.）	5, 53, 118, 121, 134, 164, 165
フリーライダー問題	38
ブルデュー（Bourdieu, P.）	5, 20-25, 28, 29, 33, 35, 45-48, 54, 72, 95, 96, 107, 118-121, 129, 162, 163
文化資本	20, 24, 25, 32, 36, 44, 45, 53, 55, 98, 118, 120, 121, 130, 134, 135, 163, 165, 172, 174, 178
ペアレントクラシー	5, 46, 53, 55, 118, 121, 134, 164, 165, 172
ベック（Beck, U.）	22, 158, 159, 164, 175

ホイットリー（Whitley, R.）	162	大和礼子	71
朴澤泰男	139	山本香	50, 51
ポスト近代型能力	49	弱い紐帯	26, 27, 86, 92, 97, 118
ボット（Bott, E.）	57		
ポルテス（Portes, A.）	38, 40, 78, 89, 107, 172, 177	**ラ　行**	
		ライフスタイル	161
本田由紀	53, 84	ラリュー（Lareau, A.）	53, 83, 118, 120, 127, 128, 130, 134
マ　行		リスク社会	158-160, 173, 175, 178
マイノリティ	32, 33, 35-37, 52, 54	リン（Lin, N.）	7, 25, 26, 28, 78, 81, 87, 88, 92, 135
前田尚子	65, 82		
牧野カツコ	82	連結型	27
マタニティ・ハラスメント	76	連帯	18, 21, 23, 25, 27, 28, 98
松岡亮二	42-46, 120, 127	**ワ　行**	
松木洋人	67		
松田茂樹	8, 65, 67, 82, 83, 92	ワーク・ファミリー・コンフリクト（WFC）	10, 64, 81
マルクス（Marx, K.）	20, 23		
三浦綾希子	35, 38-42	ワークライフバランス	184
三隅一人	6, 138	渡辺深	86, 87
耳塚寛明	53	渡辺大輔	82, 92
メリトクラシー	5		
ヤ　行			
山岸俊男	7		

執筆者一覧

石川　由香里（いしかわ・ゆかり）　立正大学文学部教授
1995年　都立大学大学院社会科学研究科博士課程単位取得退学　博士（社会学）
主　著　『格差社会を生きる家族』（共著、有信堂、2011）
　　　　『若者の性の現在地　青少年の性行動全国調査と複合的アプローチから考える』（共編著、勁草書房、2022）

杉原　名穂子（すぎはら・なほこ）　新潟大学人文学部准教授
1993年　お茶の水女子大学大学院人間文化研究科博士課程単位取得退学
主　著　『デモクラシー・リフレクション――巻町住民投票の社会学』（共編著、リベルタ出版、2005）
　　　　『公正な社会とは――教育、ジェンダー、エスニシティの視点から』（共編著、人文書院、2012）

喜多　加実代（きた・かみよ）　福岡教育大学教育学部教授
1994年　お茶の水女子大学大学院人間文化研究科博士課程単位取得退学
主　著　『概念分析の社会学――社会的経験と人間の科学』（共著、ナカニシヤ出版、2009）
　　　　『概念分析の社会学２――実践の社会的論理』（共著、ナカニシヤ出版、2016）

中西　祐子（なかにし・ゆうこ）　武蔵大学社会学部教授
1996年　お茶の水女子大学大学院人間文化研究科博士課程修了、博士（学術）
主　著　『ジェンダー論をつかむ』（共著、有斐閣、2013）
　　　　『戦後日本社会学のリアリティ』（共著、東新堂、2016）

子育て世代のソーシャル・キャピタル

2018年3月22日　初　版　第1刷発行
2023年11月1日　初　版　第3刷発行

〔検印省略〕

著　者　©石川由香里・杉原名穂子・喜多加実代・中西祐子
発行者　髙橋明義

印刷・製本／亜細亜印刷

東京都文京区本郷1-8-1　振替 00160-8-141750
〒113-0033　TEL (03) 3813-4511
FAX (03) 3813-4514
http://www.yushindo.co.jp
ISBN978-4-8420-6592-2

発　行　所　株式会社 有信堂高文社

Printed in Japan

新・生き方としての健康科学	山崎喜比古監修　朝倉隆司編	二九〇〇円
健康生成力SOCと人生・社会——全国代表サンプル調査と分析	山崎喜比古監修　戸ヶ里泰典編	二五〇〇円
ストレス対処力SOC——健康を生成し健康に生きる力とその応用	山崎喜比古・戸ヶ里泰典・坂野純子編	二六〇〇円
思春期のストレス対処力SOC——親子・追跡調査と提言	山崎喜比古編	二三〇〇円
健康の謎を解く——ストレス対処と健康保持のメカニズム	A・アントノフスキー著　山崎/吉井監訳	三八〇〇円
HIV感染被害者の生存・生活・人生——当事者参加型リサーチから	瀬戸信一郎編	二三〇〇円
喪失と生存の社会学——大震災のライフ・ヒストリー	山崎喜比古編	二三〇〇円
現代、死にふれて生きる——精神分析から自己形成パラダイムへ	樽川典子編	二八〇〇円
子育て世代のソーシャル・キャピタル	R・J・リフトン著　渡辺/水野訳	三三五〇円
格差社会を生きる家族——教育意識と地域・ジェンダー	石川・中西原著	三〇〇〇円
社会教育入門	喜多・中西原著 石川・杉原著	三八〇〇円
青少年育成・援助と教育	大串隆吉著 生田周二・大串隆吉・吉岡真佐樹著	一八〇〇円　二八〇〇円

★表示価格は本体価格（税別）

有信堂刊

中国社会の二元構造と「顔」の文化	李 明伍 著	三八〇〇円
現代中国の支配と官僚制——体制変容の文化的ダイナミックス	李 明伍 著	六五〇〇円
「永続的ソジョナー」中国人のアイデンティティ——中国からの日本留学にみる国際移民システム	坪谷美欧子 著	五六〇〇円
移動という経験——日本における「移民」研究の課題	伊豫谷登士翁 編	三八〇〇円
移動から場所を問う——現代移民研究の課題	伊豫谷登士翁 編	三八〇〇円
移動を生きる——フィリピン移住女性と複数のモビリティ	小ヶ谷千穂 著	五〇〇〇円
女が先に移り住むとき——在米インド人看護師のトランスナショナルな生活世界	S・M・ジョージ 著 伊藤るり 監訳	三〇〇〇円
ディアスポラのパレスチナ人——「故郷(ワタン)」とナショナル・アイデンティティ	錦田愛子 著	五六〇〇円
社会が変わるとはどういうことか？	広岡守穂 編	一八〇〇円

★表示価格は本体価格（税別）

有信堂刊

書名	著者	価格
20世紀社会学理論の検証	北川隆吉 編	四三〇〇円
人の移動と近代化——「日本社会」を読み換える	宮島喬 編	三三〇〇円
エスニシティと都市〔新版〕	中村牧子 著	四六〇〇円
大都市東京の社会学——コミュニティから全体構造へ	広田康生 著	七五〇〇円
「沖縄県民」の起源——戦後沖縄型ナショナル・アイデンティティの生成過程	坂下雅一 著	六二〇〇円
外国人市民と政治参加	和田清美 著	三五〇〇円
近代日本と国際文化交流——国際文化振興会の創設と展開	宮島喬 編	五八〇〇円
アメリカとグアム——植民地主義、レイシズム、先住民	芝崎厚士 著	六〇〇〇円
ペロニズム・権威主義と従属——ラテンアメリカの政治外交研究	長島怜央 著	四五〇〇円
	松下洋 著	

★表示価格は本体価格（税別）

有信堂刊

書名	著者	価格
国際関係学——地球社会を理解するために[第2版]	滝田賢治編	三二〇〇円
国際政治と規範——国際社会の発展と兵器使用をめぐる規範の変容	大芝亮／都留康子編	三〇〇〇円
レジーム間相互作用とグローバル・ガヴァナンス——通常兵器ガヴァナンスの発展と変容	足立研幾著	二六〇〇円
移行期正義と和解——規範の多系的伝播・受容過程	足立研幾著 クロス京子著	四八〇〇円
東アジアの国際関係——多国間主義の地平	大矢根聡編	三九〇〇円
民族自決の果てに——マイノリティをめぐる国際安全保障	吉川元著	三〇〇〇円
ナショナリズム論——社会構成主義的再考	原百年著	二九〇〇円
来たるべきデモクラシー——暴力と排除に抗して	山崎望著	六〇〇〇円
国際協力のレジーム分析——制度・規範の生成とその過程	稲田十一著	二七〇〇円
日本の通商政策転換の政治経済学——FTA／TPPと国内政治	金ゼンマ著	四八〇〇円
制度改革の政治経済学——なぜ情報通信セクターと金融セクターは異なる道をたどったか？	和田洋典著	七三〇〇円
日本とドイツの気候エネルギー政策転換——パラダイム転換のメカニズム	渡邉理絵著	六六〇〇円

★表示価格は本体価格（税別）

有信堂刊